本书由国家自然科学基金项目（项目编号：72104241）资助出版

战略性金属资源国际贸易的
全球环境影响及公平性评估

邸敬涵　著

中国环境出版集团·北京

图书在版编目（CIP）数据

战略性金属资源国际贸易的全球环境影响及公平性评估 / 邸敬涵著. -- 北京：中国环境出版集团，2025. 4. -- ISBN 978-7-5111-6134-5

Ⅰ. F746.42

中国国家版本馆 CIP 数据核字第 2025KY8911 号

策划编辑　周　煜
责任编辑　孟亚莉
封面设计　宋　瑞

出版发行　中国环境出版集团
　　　　　（100062　北京市东城区广渠门内大街 16 号）
　　　　　网　　址：http://www.cesp.com.cn
　　　　　电子邮箱：bjgl@cesp.com.cn
　　　　　联系电话：010-67112765（编辑管理部）
　　　　　发行热线：010-67125803，010-67113405（传真）
印　　刷　北京中科印刷有限公司
经　　销　各地新华书店
版　　次　2025 年 4 月第 1 版
印　　次　2025 年 4 月第 1 次印刷
开　　本　787×960　1/16
印　　张　11.5
字　　数　200 千字
定　　价　48.00 元

中国环境出版集团郑重承诺：

中国环境出版集团合作的印刷单位、材料单位均具有中国环境标志产品认证。

序一

联合国旨在推动世界各国实现社会经济发展和保护地球生态环境，提出了包括"减少不平等性"在内的 17 个可持续发展目标。国际贸易的环境不公平性就是近 10 年来国际社会特别关注的前沿研究问题。

国际贸易的环境不公平性主要体现在国与国之间和多个环境要素之间。一方面，国家之间存在较大的环境不公平性，不发达国家或地区作为原料生产国往往承担了很高的环境成本；另一方面，过去在国际贸易的许多环境政策中，单一环境要素（如碳排放、生态毒性等）得到了较多关注，而其他类型的环境影响涉及较少，这加剧了国际贸易的环境不公平性，尤其是金属矿产品的国际贸易。因为世界金属矿产资源的稀缺性、地理空间分布差异性和供需不均衡性，导致各国的金属矿产品贸易规模巨大，但各国在原生金属资源品位、工艺技术水平和能源消耗水平上存在差异，因产品贸易而引起的全球环境负担转嫁使环境不公平性更为突出。

近年来，世界各主要经济大国纷纷制定了制造业调整转型战略，导致金属矿产资源需求量的大幅增加和国际贸易政策的激烈博弈。在后新冠疫情时代的复苏转型过程中，世界各国更加重视绿色低碳发展，全球产业链加快发生转移和重构，一些战略性新兴产业获得了快速发展。这对金属矿产资源的国际贸易格局将带来较大挑战，进而影响全球资源贸易的环境不公平性。评估和预判减缓这种环境不公平性，对于新形势下金属矿产资源国际贸易的政策博弈和实现联合国的环境公平性目标，具有重要的理论价值和现实意义。

邸敬涵博士从全球环境公平性和可持续发展视角，结合了当前战略性金属矿产资源的国际贸易情况，从全生命周期和全要素环境影响的尺度上，构建了战略性金属资源产品国际贸易中环境隐含流网络。着眼于解决传统环境隐含流研究无法体现产品差异性和全环境要素的突出问题，评估分析产品国际贸易带来的全球环境不公平性，并在未来国际新兴制造业调整等新形势下，评估和预判减缓全球环境不公平性的路径和国际贸易政策博弈。

本书提出的以下研究结论值得关注：一是发现了战略性金属矿产资源的国际贸易加剧了对全球的环境影响及各国的环境不公平性；二是通过对全环境要素的贸易环境隐含流网络分析，识别了对环境不公平性有较大影响的产品清单和国家清单；三是识别出在战略性金属资源产品的国际贸易中，最不发达国家的贸易环境不公平性最为显著；四是提出未来国际制造业的发展格局与政策趋势将对战略性金属资源产品贸易的环境公平性带来较大的不确定性。

综上，本书的研究在学理上可为我国在战略性金属资源的贸易谈判中提供科技支持，为实现国际贸易政策的精细化管理和编制产品贸易清单提供了一种可行的技术方向，也为实现联合国可持续发展目标提供了新思路。

特此作序。

中国科学院地理科学与资源研究所研究员
中国自然资源学会执行秘书长
2024 年 9 月 14 日

序

二

  在全球化国际大背景下，制造业面临新的挑战。一方面，中美贸易的摩擦不断加剧，欧美等西方发达国家和地区在制造业的产业链布局中逐步"去中国化"，大幅降低对中国制造业供应链的依赖。另一方面，作为建设现代化产业体系的重要着力点，我国的制造业近年来逐步向高端化、绿色化转型。2023 年工业和信息化部等部门发布的《关于加快传统制造业转型升级的指导意见》中指出，要"推动传统制造业向高端化、智能化、绿色化、融合化方向转型"，逐步实现价值链的中高端提升。与此同时，在可持续发展与气候目标推进下，全球产业链也逐步向绿色溯源方向发展。

  战略性金属矿产资源作为高端制造业的基础材料，也就成为当前国际关注的重点。很多国家认为战略性金属矿产资源的国际贸易是环境污染转移，影响公平性，因此成为热点问题。随着全球化进程的加快以及世界各国对可持续发展的共识，国际贸易的环境公平性问题在贸易博弈与政策制定中越来越受到重视，对环境责任与贡献的界定在贸易谈判中成为关键问题。鉴于此，作者完成了博士论文研究，并编写了本书。本书取得的创新性成果如下：

  一是构建了产品级的国际贸易环境隐含流网络，本书所构建的核算方法可以为在国际贸易产品目录制定中产品级精确表征和精细化管理的决策提供重要支撑；二是基于产品全生命周期提出了多环境要素影响的综合评估方法，解决了应用单一环境要素评估模式可能带来的不同环境影响之间的转移问题；三是提出了国际贸易的环境不公平性指标，综合考虑了环境影响转移、经济发展水平国别差异等，显著降低了国际贸易环境不公平性评估的不确定性。

在当前全球性制造业调整转型的大背景下，为应对后新冠疫情时代的国际贸易格局调整与战略性金属资源的重新布局，本书开展的研究具有重要的理论意义和应用价值。

特此作序。

清华大学环境学院长聘教授、巴塞尔公约亚太区域中心执行主任

2024 年 9 月 14 日

前言

　　战略性金属资源是世界各国社会经济可持续发展的物质基础，其大规模的国际贸易带来了显著的环境影响转移与全球环境不公平性。近年来随着世界各主要经济体的制造业调整转型，后新冠疫情时代全球制造业的变局将进一步大幅增加对战略性金属资源的需求，进而加剧国际贸易的政策博弈并影响全球的环境公平性，从而对实现联合国环境可持续发展目标带来重大挑战。

　　针对战略性金属资源国际贸易的全球环境影响与环境公平性评估，本研究基于全生命周期多环境要素的产品环境影响，分析了战略性金属资源产品贸易的环境隐含流网络，解决了国际贸易政策产品目录制定过程中产品级精确表征和精细化管理的决策问题，规避了传统应用单一环境要素评估模式可能加剧全球国际贸易中环境不公平性的政策风险；改进了国际贸易中环境不公平性的量化评估指标，减小了传统指标表观化与差异性缺失等问题可能导致的评估误差与决策误差；识别了可减缓环境不公平性的关键政策路径，提出了未来战略性金属资源国际贸易合作与博弈的政策建议。

　　研究的主要结论如下：①战略性金属资源的国际贸易显著增加了全球环境影响和加剧了环境不公平性。在国际贸易的环境影响增加中，79%来源于金属原材料产品，19%来源于中下游高附加值产品，仅有

2%来源于金属废料；贸易的环境不公平程度总体上呈现最不发达国家＞发展中国家＞发达国家的规律。②加工程度越高的产品，如中下游高附加值产品，对贸易中环境不公平性的影响越小，金属原材料产品和金属废料是减缓贸易中环境不公平性的关键产品；中国、印度、美国、德国是影响环境不公平性的关键节点国家，占总环境影响的38%。③未来国际制造业变局将对战略性金属资源产品贸易的环境不公平性带来较大不确定性。绿色发展与气候目标政策显著改善了国际贸易的全球环境不公平性，除中国外的发展中国家（地区）和最不发达国家（地区）的贸易中环境不公平性指数分别减少84%和57%；发达国家（地区）的产业链转移重构政策与主要经济体的新兴制造业发展政策，均会进一步加剧贸易的环境不公平性。为此，在战略性金属资源产品，尤其是金属原材料产品的国际贸易中，经济发展水平相对较高的国家（地区）应承担起与其所获经济效益相匹配的国际环境责任，为经济发展水平相对较低的国家（地区）提供资金、技术支持，并进行绿色发展合作。本书的出版得到了国家自然科学基金项目（项目编号：72104241）的资助，特此感谢。

作　者

2024 年 9 月 14 日

目 录

第1章
绪　论

1.1　研究背景

1.1.1　联合国可持续发展目标与贸易的环境公平性

为实现在促进社会经济发展的同时保护地球的生态环境，2015年联合国提出了17个可持续发展目标（Sustainable Development Goals，SDGs）[①]。在联合国的可持续发展目标中，尽管没有对贸易的环境不公平性提出明确的定义与发展目标，但目标10"减少不平等"和目标17"促进目标实现的伙伴关系"的一些具体目标共同体现了减少不同国家间贸易的环境不公平性可促进可持续发展的内涵。"减少不平等"的具体目标强调了不同经济发展水平人群间的机会均等性[②]，"促进目标实现的伙伴关系"的具体目标中也提及了通过不同经济发展水平的国家之间贸易合作实现公平的环境友好的贸易体系[③]。在国际贸易中，经济发展水平较低的国家，往往作为原料国，承担了较高的环境成本；而经济发展水平较高的国家，一方面控制着国际资源市场的定价权，另一方面仅通过支付较少的贸易额即可获得较高的环境效益。例如，在稀土金属与合金的国际贸易中，发达国家掌控了稀土资源的国际定价权，将几乎所有的稀土金属与合金贸易及其所带来的环境影响转移至中国。经核算，2018年我国稀土金属与合金的出口量占全球出口总量的90%以上，但出口额在全球的占比不足50%，贸易对我国带来的环境影响在全球的占比高达99%，产生了极大的不公平性。

---

① 联合国可持续发展目标网站：https://www.un.org/sustainabledevelopment/zh/。
② 目标 10：减少国家内部和国家之间的不平等：https://www.un.org/sustainabledevelopment/zh/inequality/。
③ 目标 17：加强执行手段，重振可持续发展全球伙伴关系：https://www.un.org/sustainabledevelopment/zh/globalpartnerships/。

此外，在可持续发展目标中，目标13"气候行动"、目标14"水下生物"和目标15"陆地生物"体现了多方面实现生态环境可持续发展的重要性。而在现有贸易政策中，如与碳减排相关的碳税政策、与生态毒性相关的《巴塞尔公约》等，均从单一环境要素的角度制定了相关的贸易政策，可能会导致政策所关注的环境影响降低，但其他类别的环境影响出现大幅提升，带来了环境影响的转移。以铜冶炼为例，与其他类型的环境影响相比，全球变暖的环境影响极低，若仅考虑温室气体排放这一单一环境要素，则可能会由于温室气体的低排放水平而降低其贸易的环境壁垒，导致精炼铜的贸易规模变大，进而带来较高水平的海洋毒性与非生物资源耗竭的环境影响，造成环境影响在不同环境要素间的转移，无法实现可持续发展，进而加剧了不同环境要素之间的不公平性。

因此，本研究根据上述可持续发展目标，从国家和环境要素两个维度，界定国际贸易的环境公平性。国家间的贸易公平性体现在贸易国的经济发展水平与其在贸易中所承担的环境成本的匹配程度，环境要素间的环境公平性则体现在单一环境要素政策目标是否带来环境影响的转移。

1.1.2　金属资源的国际贸易与全球环境公平性

金属资源是世界各国经济社会发展的关键资源，广泛应用于电器电子、机械制造、航空航天、冶金化工、交通运输、民用器具、新材料、生物医药及医疗器械等各个行业，具有资源稀缺性、地理分布不均衡以及供需不均衡的特点。

全球主要金属资源的供应总体充足，但部分关键金属资源可能出现供应紧张。根据美国地质调查局（USGS）和世界金属统计局（WBMS）的数据统计，2018年，全球主要金属资源的平均储产比①约为70年，大部分金属资源的平均储产比在20年以上，可基本满足需求，部分金属资源（如金、锌、铅等）可能出现供应紧张 [1]。

金属资源天然存在地理分布不均衡的特性。铁、铜、铝、铅、锌、镍等大宗金属资源主要分布在南美、北美、亚洲和非洲[2]；稀土资源主要分布在中国、巴西、澳大利亚、印度、美国、马来西亚等国家[3]；锂、钨、钴、铟等小金属资源主要分布在南美、北美、亚洲和非洲。大多数的金属资源主要分布在经济发展水平较低的国家和地区，而欧美发达国家和地区，尤其是欧洲国家和地区，金属资源相对匮乏，

---

① 储产比为某种资源的现有可采储量与当年生产量的比值，即若按当年的生产水平，当前资源储量（主要为矿产资源）可以继续开采的时间，反映了该种资源的生产能力与供应情况。

导致了地区性的金属资源短缺。

金属资源的地区性短缺导致了大部分国家金属资源的供需不均衡。以铝元素为例，根据对2018年铝元素物质流分析结果①，中国、欧洲、日本、中东、北美、其他亚洲国家和地区当年的本国和地区原铝生产供应量仅能分别满足本国和地区64%、6%、1%、15%、7%、39%的需求，其余部分均需从其他国家和地区进口。这种不均衡极大地制约了各国和地区社会经济的可持续发展。

为解决金属资源的稀缺性、地理分布不均衡以及供需不均衡问题，大规模的国际贸易成为全球金属资源重新分配的重要手段。2018年，全球金属资源②的国际贸易总额约为1.5万亿美元，占当年全球所有商品国际贸易总额的26%，其中，钢铁贸易总额最多，达5 410亿美元，占金属资源贸易的36%；有色金属贸易总额次之，达4 870亿美元，占33%；贵金属贸易总额为3 390亿美元，占23%；特种金属贸易总额达597亿元，占4%。

由于各国在金属资源品位、工艺技术水平及能源消耗水平上存在较大差异，金属资源生产的环境影响也存在较大差异，大规模的金属资源国际贸易带来国家间的环境影响转移。以2009年全球金属开采与冶炼行业的碳排放分布情况为例[4]，欧洲和北美的碳排放水平仅占全球的30%，但通过贸易将70%的碳排放转移至中国、巴西、印度等其他国家，导致了十分显著的全球环境不公平性。

而作为金属资源主要分布国家，发展中国家和最不发达国家往往缺乏有效的行业监管措施与法律法规。受到经济水平和技术水平的制约，在国际市场的高需求下，过度开采与非法开采金属资源，造成了严重的土壤污染、水污染等环境污染问题。例如，中国作为稀土资源的主要分布国家，在2015年之前一直承担了全球逾90%的稀土开采与生产③，而由于早期我国对稀土资源开发的监管力度和对环境保护的重视程度相对较低，在经济利益的驱使下，大量稀土矿产资源被非法开采并出口。经测算，2015年中国非法开采的稀土产量约占全国总产量的28%，其所带来的环境成本占全行业环境成本的56%[5]，极大地加剧了我国在稀土贸易中的环境不公平性。

---

① 根据世界铝业协会 International Aluminium Institute 的相关数据绘制，https://alucycle.international-aluminium.org/public-access/public-global-cycle/.
② 此处提及的金属资源，指金属与矿物资源，包括工业矿物（Industrial Minerals）、钢铁（Iron and Steel）、有色金属（Non-ferrous Metals）、贵金属（Precious Metals）、特种金属（Specialty Metals）、其他金属（Metals Not Specified）。
③ 根据美国地质调查局对稀土的年度调查综合统计核算。

特别地，各主要经济体与各研究机构、学者从对国家社会经济发展的战略性意义或关键性作用方面定义了战略性金属资源。基于金属资源的资源稀缺与供给制约对经济发展的影响，以及金属资源开采与生产对环境与人类健康的影响，各主要经济体如欧盟、美国、日本等从经济重要性、供应风险、产量增长、市场变动等方面对各类别金属资源进行评估，并筛选出重要性较高的关键战略性金属资源[6]；2012年，Graedel 等[7]提出了金属关键性（Metal Criticality）的评价体系，包括供给风险（Supply Risk）、环境影响（Environmental Implications）、供给限制脆弱性（Vulnerability to Supply Restriction）3个主要评估维度，并基于这一评价体系，对全球铜及其地质伴生元素[8]、铁及其主要合金元素[9]、锌、锡、铅及其地质伴生元素[10]，以及其他金属与非金属元素[11]的关键性和战略性进行了评估。尽管各主要经济体以及各研究机构、学者所提出的评价体系和评估标准有所差异，但基本上均从资源、经济、环境3个维度出发，确定关键性或战略性金属资源清单。当前全球经济发展的重心逐步从传统行业向战略性新兴产业转移，战略性金属资源也从储备战略物资与军工所需的大宗金属资源转为战略性新兴产业所需的稀有、稀散、稀土金属资源[12]。同样地，战略性金属资源的大规模国际贸易也导致了十分显著的全球环境不公平性。

1.1.3 国际制造业格局演变与贸易的环境公平性

在全球化大背景下，国际制造业出现了较大的变局。对1999—2018年中国、美国、欧盟、南亚的人均国民生产总值、制造业增加值占 GDP 比重、制造业出口占商品出口比重，以及制造业进口占商品进口比重进行对比分析发现：在这20年间，欧美发达国家和地区的人均 GDP 水平较高，在1999年就已超过15 000美元，制造业占比低于15%且呈下降趋势；中国的人均 GDP 水平不足10 000美元，但制造业占比始终最高，保持在30%左右；南亚国家的人均 GDP 水平最低，不足2 000美元，制造业占比在15%左右。近年来，中国的制造业发展已逐步通过产业升级转型从低端制造业转变为高端制造业，而以印度为首的南亚发展中国家为加速经济发展，以其低廉的劳动力成本逐步取代中国，成为全球低端制造业的中心国家。

在这样的趋势下，各主要经济体制造业的进出口水平在1999—2018年出现了较大变动。中国的制造业出口占比始终保持在90%左右的较高水平，且在20年间依然处于上升趋势，制造业进口水平尽管较高，但出现显著下降趋势，这与我国制造业的转型升级密切相关；美国的制造业出口占比在20年间出现了较大幅度的下降，从1999年的83%降至2018年的59%，而制造业的进口水平则始终保持在较高水平且有所上升；欧盟的制造业出口水平保持在80%左右的比例，进口水平保持在70%左右的比例，这主要归因于德国等国家的高端制造业出口；南亚地区国家的制造业出口水平和进口水平均较低，但在2009—2018年制造业出口水平出现小幅上升，这与欧美发达国家和地区逐步将产业链的生产制造环节从中国转移到其他发展中国家有关。

自2008年全球金融危机以来，以欧美发达国家和地区为首的主要经济体认识到对中国制造业供应链过度依赖所带来的巨大风险[13]，开始陆续将其产业链的加工制造环节转移至东南亚发展中国家以及非洲国家和地区。2020年的新冠疫情所带来的工厂停工导致上下游产业链的中断，加速了欧美发达国家和地区的"去中国化"和"反全球化"进程，美国、日本等发达国家在新冠疫情期间通过高额补贴激励本国制造企业从中国撤回本国，东南亚发展中国家通过一系列的招商引资优惠政策吸引发达国家企业的投资[14]，以保证本国的经济安全与优势地位。在严峻的国际形势下，未来国际制造业的变局将对金属资源国际贸易的环境公平性带来巨大影响。

近年来，世界各主要经济体的制造业纷纷进行了调整转型。例如，日本在2017年提出了"新兴产业结构愿景"①，提出了智能化的"社会5.0"概念；美国在2018年提出了"美国高端制造业领导地位战略"②，强调了其在高端材料、先进生产技术、电器电子产品行业等的领先地位；韩国在2018年为应对传统工业衰落导致"锈带"问题而实施的"创新增长"新政，通过政府专项拨款促进人工智能、新型燃料电池、物联网与大数据等新兴产业的发展[15]，并于2019年提出了"制造业复兴愿景"，计划通过对制造业进行智能化与生态环境友好型的改造与融合、培育未来新产业与对已有产业进行结构创新、工业生态体系的整体转型、加强对国内投资的支持四大复兴战略，实现在2030年前韩国成为世界四大制造业强国之一的目标[16]；欧盟在2019年提出了"欧洲绿色新政"，通过规划与实施应对气候变化政策、清洁能源政策、循环经济行动计划、智慧出行政策、绿色农业政策、生物多样性保护政策、零污染行动计划等一系列涉及资源效率、循环经济、环境保护与废弃物管理的集成化政策

---

① "新産業構造ビジョン"，https://www.meti.go.jp/press/2017/05/20170530007/20170530007-2.pdf.
② "Strategy for American Leadership in Advanced Manufacturing"，https://www.whitehouse.gov/wp-content/uploads/ 2018/10/Advanced-Manufacturing-Strategic-Plan-2018.pdf.

与管理措施，实现绿色发展、低碳发展与可持续经济发展的中长期目标[17]。此外，为满足后新冠疫情时代和严峻全球形势下中国的经济发展需求，2020年的国务院政府工作报告提出了"两新一重"的重点建设与投资目标，主要包括加强新型基础设施建设、新型城镇化建设和重大工程建设[18]，所涉及的行业中，新型基础设施建设，简称新基建，包括5G基建、特高压、城市轨道交通、新能源汽车充电桩、大数据中心、人工智能、工业互联网等行业[19]，重大工程建设包括交通、水利等行业[13]。

上述发展战略与方向表明，未来国际制造业将形成绿色发展与气候目标实现、全球产业链转移重构，以及新兴制造业发展等三大发展趋势。这将对后新冠疫情时代的绿色复苏中金属资源，尤其是战略性金属资源的国际贸易带来较大变化。例如，新兴制造业的发展将加大对新兴行业及其配套新型基础设施的建设力度，通过产业链上下游的联动效应，加大对原材料即金属资源的需求。而在绿色发展与气候目标下，欧美发达国家和地区对战略性金属资源原材料的高需求和对生态环境质量的高标准，会带来以发展中国家和最不发达国家为主的原材料供应国以更大的生态环境代价开发金属资源，以及生产加工附加价值较低但环境污染较大的战略性金属原材料产品的结果。这势必将对国际贸易的环境公平性带来极大挑战。

1.2 研究目的与意义

为减缓未来国际制造业变局对战略性金属资源贸易环境公平性的影响，实现后新冠疫情时代的绿色复苏与可持续发展目标，本书拟对战略性金属资源国际贸易带来的全球环境影响与环境不公平性进行量化评估，试图回答以下3个问题：战略性金属资源的国际贸易对全球以及各国带来的环境影响有多大？如何评估战略性金属资源贸易的环境公平性？未来国际制造业格局将如何影响贸易的环境公平性？

为了解决上述问题，本研究拟通过核算产品级别、全生命周期和多环境要素的贸易环境影响，构建国际贸易的环境隐含流网络，量化评估、分析产品国际贸易带来的全球环境公平性问题，并在未来国际新兴制造业调整的新形势下，评估和预判可减缓全球环境不公平性的政策路径与国际贸易政策博弈。

主要的方法突破和研究意义体现在：

（1）国际贸易环境隐含流网络分析方法的拓展：结合生命周期评价方法与复杂网络分析方法，构建了产品级的国际贸易环境隐含流网络，相较于传统的应用宏观部门的投入产出模型的研究方法以及贸易网络分析方法，为国际贸易政策产品目录制定过程中产品级精确表征和精细化管理的决策提供重要支撑，突破了复杂网络分析方法在贸易网络分析中仅讨论资源流与资金流的局限性。

（2）国际贸易环境影响评估方法的转变与应用：提出了结合产品全生命周期的多环境要素影响的综合评估方法，通过对多环境要素综合环境影响的分析，避免了过去在国际贸易环境政策制定中，应用单一环境要素评估模式可能带来的不同环境影响之间的转移问题，规避了加剧全球环境不公平性的政策风险。

（3）国际贸易中环境公平性的量化评估方法改进与应用：重新定义了国际贸易的环境公平性指标，基于资源环境价值综合评估的成本效益分析，评估了贸易的实际资源环境净效益，克服了传统仅根据表观环境影响转移进行判断可能带来的决策误差；根据环境公平性的含义，综合考虑了国际贸易的实际资源环境净效益和各国的经济发展水平，解决了已有研究中的评估指标无法体现经济发展水平国别差异的问题，显著降低了国际贸易中环境公平性评估的不确定性。

1.3 研究对象选取

根据世界主要经济体对战略性金属资源的界定，基于未来国际制造业变局以新兴产业发展为重点的趋势，结合目前我国金属资源"卡脖子"的战略性问题，本研究拟从国家关注度、新兴产业应用比例，以及我国对外依存度等3个方面拟定具体的研究对象选取原则：

（1）国家关注度：是指某种金属资源在各主要贸易国家战略性金属资源清单上出现的次数，体现各国对其关注程度。基于全球金属资源的10个主要贸易国家，根据其发布的战略性金属资源清单，选取国家关注度较高的金属资源。

结合2018年全球金属资源的贸易情况，选取进出口贸易量占比在前5名的国家和地区作为金属资源贸易的主要国家与经济体，将欧盟作为一个地区整体考虑，除欧盟外，进口贸易量前5名的国家包括中国、美国、韩国、日本、印度；出口贸易额前5名的国家包括澳大利亚、巴西、中国、南非、加拿大，列出其在近10年陆续评估并确定的战略性金属资源清单，如表1.1所示。

表1.1 世界各主要国家和地区战略性金属资源清单

	日本[20]	欧盟[21]	印度[22]	美国[23]	澳大利亚[24]	巴西[25]	加拿大[26,27]	南非*	韩国[28]	中国[29]
铝	●			●			●			●
锑	●	●		●	●				●	●
铍		●	●	●	●					
铋		●		●	●					
铯				●						
铬	●		●	●				●	●	●
钴	●			●		●	●		●	●
镓									●	
锗		●								
铪		●								
铟	●			●	●		●		●	
锂	●			●	●		●		●	
镁	●			●	●					
锰	●			●			●	●	●	
铌	●	●	●	●	●		●			
铂族金属	●	●		●	●		●	●		
稀土	●	●		●	●	●	●		●	●
铼	●		●	●						
铷				●						
钪		●		●						
锶	●		●	●					●	
钽	●	●		●						
锡										
钛	●			●	●				●	
钨	●	●		●			●		●	
铀				●						
钒				●			●		●	
锆	●		●	●					●	●
钼	●						●		●	●
铜								●		
铅	●									
锌	●									
镍							●			●
铁	●					●				●

注：* 南非没有最新文件予以确切说明，仅参考南非政府网站相关信息，https://www.gov.za/。

（2）新兴产业应用比例：结合我国发布的《战略性新兴产业重点产品和服务指导目录》（2016版）中所涉及的新兴产业，以及相关金属战略性评估研究中[15-18]各金属资源在各产业的应用比例，选取新兴产业为主要应用行业（应用比例＞60%）的金属资源。

（3）我国对外依存度：对进口金属资源的依赖程度往往通过对外依存度进行表征。根据《中国有色金属工业年鉴》（2021年）与相关行业数据等核算我国各类别关键金属资源的对外依存度，即净进口量/（净进口量+国内生产量），若该值大于0，则该种金属资源主要依赖进口，若小于0，则为我国的优势金属资源。选取对外依存度绝对值相对较高（绝对值＞60%）的金属资源。

从上述3个维度对战略性金属资源进行评估，综合考虑3个原则，选取稀土、锂、铜、铝作为本研究的研究对象。

稀土是全球主要经济体国家社会经济发展的关键战略性金属资源，也是我国"卡别人脖子"的重要金属资源。因其特殊的理化性质，既在传统工业行业中广泛应用，如冶金机械行业、石油化工行业、玻璃陶瓷行业等；又广泛应用于新兴高科技行业，如电器电子产品、新能源汽车、新材料等；同时，还在轨道交通、航空航天、国防军工等战略性行业有着重要应用地位[30]。我国是稀土资源分布的主要国家，约占世界稀土总储量的23%，也是全球稀土资源的主要供应国家，满足了全球90%以上的稀土需求[31]，具有很大的资源优势。但与此同时，过度与非法开采造成了巨大的资源浪费和环境污染[31]，对废弃稀土产品（如钕铁硼永磁体等）的回收利用仅停留在实验室层面，实际回收极低，甚至为0[32]，这对我国稀土资源优势以及新兴高科技行业的发展带来极大的挑战。

锂元素（包括金属锂、锂合金及其化合物）由于具有较好的理化属性，主要用于生产动力电池、陶瓷和玻璃、润滑剂等产品，广泛应用于电器电子行业、汽车行业、航空航天行业、冶金行业、机械制造行业等新兴与传统行业[33]。目前，全球锂消费的最大领域为动力电池领域，研究测算表明，2014年全球锂消费的30.4%流向了锂离子电池的生产[34]。2015年中国开采的锂资源中超过50%流向了锂离子电池的生产[35]。美国、日本和中国均将锂元素列入战略性金属资源清单中。我国对锂资源的对外依存度较高，已超过85%，严重依赖进口[36]，是未来新兴制造业发展中被"卡脖子"的战略性金属资源。

铜元素是国民经济发展的关键大宗金属，是日本和我国等主要经济体国家未来发展的战略性金属资源。铜及其合金广泛应用于电力行业、电器电子行业、日用品行业、机械制造业、交通运输业、建筑业、航空航天行业、军工行业等[37]。作为世界第一大铜消费国，我国铜原料的对外依存度较高，达80%以上，铜进出口贸易位居世界第一[37]，是新型基础设施建设过程中被"卡脖子"的战略性金属资源。此外，我国对废杂铜也有一定的对外依存度，尽管洋垃圾禁止进口政策的实施对废六类废杂铜的进口带来了一定的抑制作用，但经测算，2019年废杂铜进口量依然占当年铜原料需求量的约12%[38]。

铝是全球第二大消费量的金属元素，被美国、日本和中国列入关键金属矿产名单中。因铝及其合金的低密度、高强度、抗氧化等一系列优良的理化性质，广泛应用在耐用消费品、建筑、包装、电力、交通运输、机械制造、电力、电器电子、航空航天、国防军工等国民经济的各个领域与行业部门[39]，尤其是在新基建所涉及的5G 网络基站建设、特高压工程建设、城际轨道交通的车辆设备与控制系统设备建设、新能源汽车车体及充电桩等战略性产业和领域，铝及铝合金材料和产品有着较大的应用需求和发展前景[40]。然而，我国的铝资源对外依存度较高，达60%以上。由于我国铝土矿的储量和品位均不高，铝资源保障受到较大限制[41]，在国际贸易中被"卡脖子"。废铝作为铝材生产的补充资源，自2018年洋垃圾禁止进口政策将铝废碎料调整为限制进口产品以来，进口比例逐年下降，进而带动了国内市场再生铝应用的比例提升。

1.4 研究内容

本书主要讨论以下3部分内容：

（1）基于产品全生命周期的国际贸易环境影响评估：应用生命周期评价方法，考虑不同国家战略性金属资源能源消耗与工艺技术水平，构建稀土、锂、铝、铜四类共15种战略性金属资源产品生产与废料处理处置的生命周期环境影响清单，经无量纲化、归一化后，计算174个国家产品国际贸易中综合的环境影响变化。

（2）战略性金属资源国际贸易的环境隐含流网络分析：基于核算得到的产品国际贸易综合环境影响变化和各产品的贸易关系与规模，构建了产品级别的可精确表征的国际贸易环境隐含流网络，并应用复杂网络分析方法，分析各产品贸易环境隐含流网络的结构特征及各国在网络中的作用与地位，识别对改善全球环境不公平性有促进作用的关键产品清单与关键节点国家。

（3）各国贸易的环境公平性评估及预测：结合各国不同品种战略性金属资源产品国际贸易的实际资源效益与实际环境成本，应用影子工程法、市场价值法等货币化的成本效益分析方法，核算并分析了国际贸易带给全球及各国的实际资源环境净效益，并量化分析各国贸易的环境公平性。根据主要经济体国家的发展规划与战略，着重分析国际制造业绿色发展与气候目标实现、全球产业链重构、新兴制造业发展等3种发展趋势，评估不同政策情景下战略性金属资源产品的国际贸易对环境公平性带来的影响，识别改善全球环境不公平性的路径，提出国际贸易政策博弈的建议。

本书共分为6章，结构安排如图1.1所示。

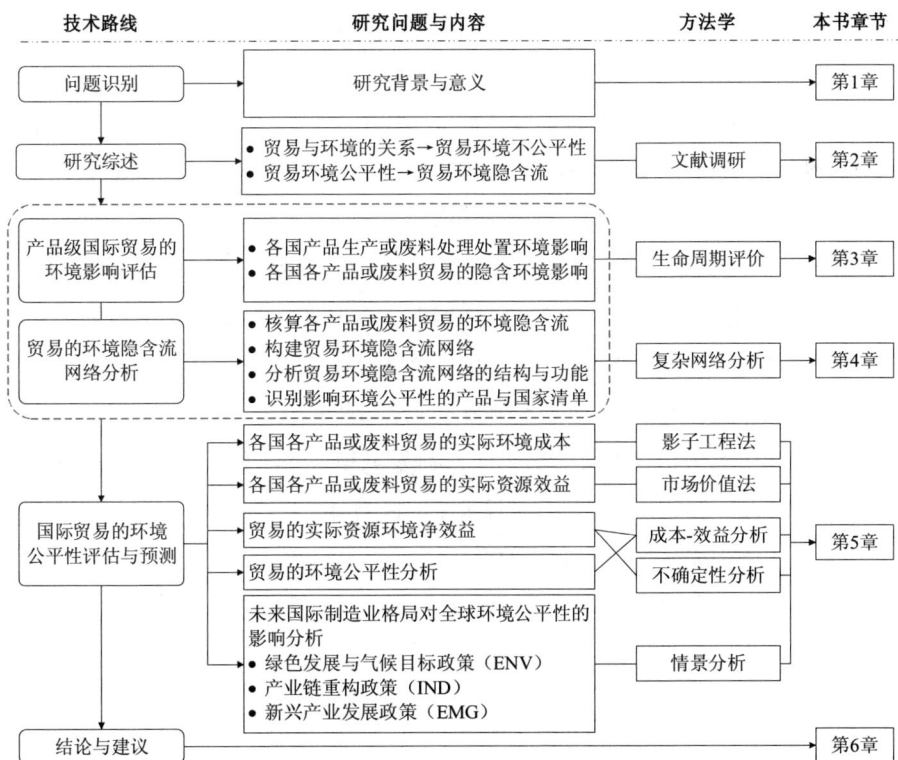

图1.1 研究技术路线与本书结构

第1章，即本章，为绪论部分，根据联合国可持续发展目标定义了贸易的环境公平性，指出金属资源国际贸易的环境不公平性尤为显著，且在未来国际制造业的发展趋势下，金属资源国际贸易的环境公平性将出现较大的不确定性。指出评估贸易的环境公平性的重要性，提出本研究拟解决的问题，阐述了研究目的与意义，并定义了本研究的研究对象。

第2章，通过文献调研的方法，综述了国内外研究中对贸易与环境关系的讨论，指出环境公平性是这一关系中的关键理论，综述了已有研究对环境公平性的定义与研究进展，并对其量化评估的核心——贸易的环境隐含流研究进行了方法学的评述，指出了已有研究存在的局限性以及本研究拟作出的改进。

第3章，应用生命周期评价的方法，通过文献调研、实地调研和专家咨询等确定稀土、锂、铝、铜等战略性金属资源产品生产的生命周期环境影响清单，核算国际贸易对各贸易国带来的隐含环境影响。

第4章，基于第3章各国贸易的隐含环境影响，形成了贸易的环境隐含流，构建了贸易隐含环境流网络，根据复杂网络分析中各主要特征量所反映的网络本质特征，定义了贸易的环境隐含流网络各特征量的政策含义，通过分析各产品贸易环境隐含流网络的结构特征及其在网络中的作用与地位，识别对改善全球环境不公平性有促进作用的关键产品清单与关键节点国家。

第5章，结合经济学中的"机会成本"概念，核算稀土、锂、铝、铜等战略性金属资源产品国际贸易的实际资源效益和实际环境成本，通过成本-效益分析方法计算国际贸易的实际资源环境净效益；定义贸易的环境公平性指数，分析战略性金属资源产品国际贸易的环境公平性；分析在未来国际制造业绿色发展与气候目标实现、全球产业链重构、新兴制造业发展等3种发展趋势下，不同的政策措施对战略性金属资源产品国际贸易的环境公平性带来的影响，识别了改善环境不公平性的路径，并提出了国际贸易政策博弈的建议。

第6章，总结了本研究的主要结论，并对未来的后续研究提出了建议。

第2章

国内外研究进展

2.1 国际贸易与环境的关系

　　贸易在加速全球化进程的同时，也加剧了全球环境恶化。产业链条的全球化以国际贸易的形式连接了世界各国形成全球产业分工体系，在这一过程中，由生产、运输等直接或间接带来的附加资源环境影响，包括自然资源消耗以及环境污染等[42]。自20世纪70年代起，国外学者便展开了对贸易与环境影响的研究[43]；进入21世纪以来，随着全球化的快速发展以及全球气候变化问题的加剧，国内外学者对贸易与环境的探讨出现了大幅的增加[44]。

　　早期对贸易与环境关系的研究主要集中在欧美发达国家和地区，通过定性与定量的统计及计量研究方法，从法律、地理、贸易、环境等多个维度分析了国际贸易对环境质量直接和间接的影响[45]、不同的贸易策略对环境与经济带来的影响[46]、贸易政策与环境规制的关系[47-50]、政府与国际组织在贸易环境管理中的职能与地位等[43,51]。这些研究指出贸易一方面通过提高收入可以增强环境意识，从而促进污染的降低，即"技术效应"（Technique Effect），实现了环境质量的提高；另一方面贸易在实现经济体量增加的同时也带来了污染的增加，即"规模效应"（Scale Effect）。而贸易带来的生产与消费的全球地理分布的转变，促使了环境污染更多流向较低环境标准的国家，即"组合效应"（Composition Effect）[43,46,52]。由此形成了两种关于贸易和环境之间关系及作用机制的观点，一种观点认为，是发展中国家较低的环境标准与环境规制导致了发达国家借由国际贸易将高污染、高耗能的资源密集型产业转移到发展中国家[47,48,53]，形成了"污染避难所"（Pollution Haven）[54]；另一种观点认为，由于贸易自由化导致了污染密集型产业在发展中国家的快速发展[49,52]，形成了"污染替代"（Pollution Displacement）[46]。

为印证上述的观点与假说，在政治经济学与环境社会学领域，研究学者针对贸易所带来的生态环境问题在不同发展水平国家之间的不均衡分配问题提出了诸多理论与分析方法[55]，如环境正义（Environmental Justice）[56,57]、生态不平等交换（Ecologically Unequal Exchange）[58,59]、生态足迹（Ecological Footprint）[60]等。本研究将从环境公平性的角度进行具体分析。

2.2　国际贸易的环境公平性

在已有研究中，通常将环境公平性（Environmental Equality）与环境正义（Environmental Justice）视作同一概念进行定义[61]。环境正义的概念起源于早期在美国出现的环境种族主义[62,63]，并从美国逐步拓展至全球范围，界定为工业化与城市化进程所带来的环境污染对不同社会阶级、种族群体、收入水平人群的不均衡分布与影响[64]。实现环境正义是实现环境可持续发展的关键[65]。

在美国民间组织的推动下，1991年召开的第一届美国有色人种环境领导力峰会，从公共政策与平等决策、土地与可再生能源的可持续使用、危险废物生产的环境污染控制、安全健康的生产环境、城乡生态政策、政府环境决策与国际法、消费与生活方式等角度提出了实现环境正义的17项政府与个人的行动准则[61]，得到了美国政府的重视。美国国家环境保护局将环境正义作为重要的工作目标，指出环境正义的实现需达到两个标准：每个人享有相同程度的环境与健康保护水平以及每个人可以平等地参与到实现健康的生活、学习和工作的决策中[66]。

随着环境正义概念的不断发展，国际贸易所带来的环境不公平性问题也日益受到政策制定者与研究学者的关注。早期的研究主要集中于废弃物的非法贸易对第三世界国家带来的环境不公平性问题[67,68]，从国内法律法规与国际公约等角度去解决环境问题所产生的环境不公平性问题[69,70]。随着研究的不断深入，以 Hornborg[58] 和 Bunker[71] 为首的学者针对贸易的环境不公平性提出了生态不平等交换（Ecologically Unequal Exchange）理论，指出南北关系中的结构性差异导致了发达国家更容易通过贸易获取自然资源，并将废弃物或污染物转移至发展中国家[72]。在这一理论的支撑下，国内外研究学者开展了一系列定量分析，对环境公平性的刻画主要围绕贸易对双边国家带来的环境影响、资源效益以及各国的经济发展水平，大部分研究结合生态足迹或环境扩展的投入产出分析方法，从计量经济学的角度分析三者之间的关系[73,74]。但已有国内外研究中，对环境公平性量化指标的研究相对较少，主要依托 Prell 等[75]根据对比贸易所带来的环境影响与经济效益所形成的评估指标进行核算。

Prell 等[75]认为效率是衡量一个国家发展水平的关键指标，经济发展水平越高，在清洁生产技术与清洁能源方面的投资越高，并通过定义标准化效率评估指标（Normalized Efficiency Measure，NEM），即各国贸易带来污染物排放（如 SO_2）的国际占比与贸易带来的经济效益占比的比值，判断贸易所带来的经济缓冲是否能够降低其所带来污染物排放的负面影响，进而评估贸易的环境不公平性；在国内研究中，Zhang 等[76]通过应用这一指标，结合投入产出模型与各省 GDP 情况，分析了我国省际间贸易带来的环境不公平性。

核算贸易带来的环境影响及其跨境转移与流动是评估环境公平性的核心工作[61]，贸易带来的生产、运输等直接或间接的附加资源环境影响被定义为该产品或服务中的隐含资源环境影响[42]，而由贸易带来的隐含资源环境影响的跨境转移与流动即为贸易隐含流[77]。在下一节将对贸易的环境影响与环境隐含流国内外研究进展进行综述分析。

2.3　国际贸易的环境影响与环境隐含流分析

随着国际贸易体量的快速增加，全球化带来的全球产业链整合，以及包括我国在内的发展中国家在1998年《京都议定书》签署后对全球变暖和环境问题的愈加重视，国内外对贸易与环境的研究重心逐步转向系统的贸易隐含流的量化核算与分析，且大部分研究重点关注了贸易的碳隐含流分析[44]。除碳隐含流外，贸易环境隐含流的研究还包括双边或国际贸易中[78]的隐含能源、隐含 SO_2 排放、虚拟水、虚拟土地、隐含太阳能等[79-86]。

在对贸易的环境隐含流核算中，尽管核算方法较为多元，包括投入产出分析（I-OA）、物质核算方法（包括物质流分析、土地利用或水足迹核算）、隐含能及隐含污染核算，以及多方法混合应用等[42]，但主要集中于应用环境扩展的投入产出分析模型[87]对中观的行业和宏观的国家层面展开研究。

根据研究尺度的不同，将产品—行业—国家3个层面分别对应了微观—中观—宏观3个研究维度[88]（图2.1）。对微观产品层面的环境隐含流核算主要应用生命周期评价（LCA）的自下而上的研究方法，研究的是特定的领域或产品，所需数据的精度很高；在中观和宏观的研究层面，主要应用环境拓展的投入产出模型（EEIO）、单一区域投入产出模型（SRIO）、双边贸易投入产出模型（BTIO，也作双边贸易隐含排放模型，EEBT）、多区域投入产出模型（MRIO）、一般均衡模型（CGE）等自上而下的研究方法[44,80,83,88,89]，研究领域较为广泛，且应用的数据为高度整合的行业参数，精度较低。

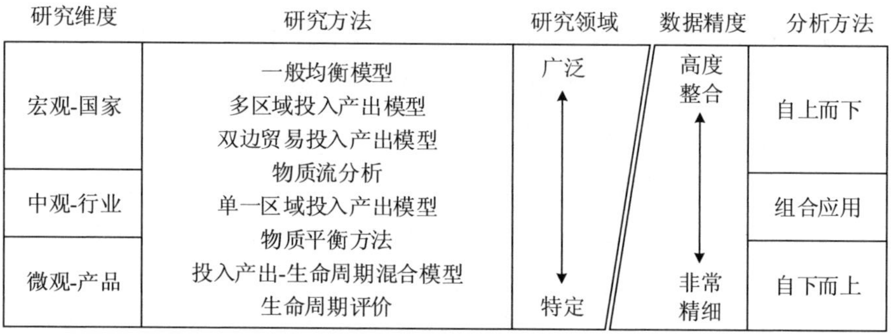

研究维度	研究方法	研究领域	数据精度	分析方法
宏观-国家	一般均衡模型 多区域投入产出模型 双边贸易投入产出模型 物质流分析	广泛 ↕ 特定	高度整合 ↕ 非常精细	自上而下
中观-行业	单一区域投入产出模型 物质平衡方法			组合应用
微观-产品	投入产出-生命周期混合模型 生命周期评价			自下而上

图2.1　贸易隐含流的研究方法[44, 88]

国外的研究较早地引入了投入产出模型核算国家与行业层面的贸易环境隐含流：①在对单一国家国际贸易的环境隐含流研究中，Machado 等[90]通过构建产品-行业投入产出混合模型评估了1995年巴西的国际贸易带来的直接与间接的能源消耗与碳排放；Sánchez-Chóliz 和 Duarte[91]应用投入产出模型识别了西班牙不同行业部门国际贸易关系带来的隐含环境影响，贸易模式的变动对西班牙经济发展的碳排放水平的影响，以及西班牙的经济发展对全球碳排放的影响；Wiedmann[42]应用了产品用地系数矩阵（NFA-PLUM）和多区域投入产出模型（MRIO）两种方法核算了2002年英国30个经济部门国际贸易的能源隐含流，并对其优、缺点进行分析；Román 等[92]应用多区域投入产出模型（MRIO）分析了2009年西班牙35个行业部门国际贸易中隐含臭氧前体物的排放，并指出农业、基础金属、焦炭与精炼石油生产是贸易隐含污染物排放最为严重的3个行业。②在对全球及经济体等多个国家国际贸易的环境隐含流研究中，Peters 和 Hertwich[93]应用贸易隐含排放核算方法（EET）对2001年87个国家的国际贸易碳隐含流进行核算，指出贸易中的隐含碳排放对国际气候政策具有显著影响，且不同的政策选择对全球气候变化影响不同；Sinden 等[94]

量化分析了全球113个国家57个行业的国际贸易碳隐含流，综合应用了双边贸易隐含排放模型（EEBT）和多区域投入产出模型（MRIO）；Wiebe 等[95]应用了多区域投入产出模型（MRIO），核算了1995—2005年新兴经济体巴西、俄罗斯、印度、中国、韩国、阿根廷国际贸易的碳隐含流和隐含物质流；Islam 等[96]通过结合投入产出模型与固定效果模型分析了1990—2011年全球187个国家国际贸易带来的边际温室气体排放和对行业部门温室气体的排放影响，指出 GDP 的提高会增加出口贸易隐含环境影响，而减小进口贸易隐含环境影响；Duarte 等[97]应用环境拓展的多区域投入产出引力模型（MRIO-gravity）对1995—2009年全球39个国家贸易碳隐含流的轨迹与决定因素进行分析，并提供了一种可以从生产和消费的角度解释与量化碳贸易潜在地理、结构、国家制度等影响因素的研究方法。

在贸易隐含碳的国内研究中，尽管不同学者在应用投入产出分析时存在核算方法和数据来源等的不确定性，计算得到的我国贸易隐含碳排放水平的数值有较大差异[98]，但结论均指出我国较高的碳排放水平有相当大一部分源于出口贸易带来的隐含碳排放[81,99-106]，且出口隐含碳的排放主要集中在制造业[107]、能源产业[102,108]、化学工业[109]等第二产业[80,100,106]，具有较高的产业集中度[103,110]，因此，发达国家等进口国作为消费者应与我国共同承担温室气体的减排责任[101,103,104,106,111-114]。研究方法在前述几种投入产出模型[98]的基础上进行了延伸与拓展研究：①引入结构分解分析方法（SDA）[80,81,84,100,107,110,115-120]、对数平均 D 氏指数法（LMDI）[82,121-125]、因素分解法[107,109,112]等方法，对影响我国贸易隐含碳及间接环境污染物排放[100]的主要因素（包括规模效应、结构效应、技术效应）进行分析，但结论存在不确定性，普遍认为规模效应会增加出口贸易隐含碳排放[80,81,100,103,104,107,109,112,117,126]，对进口贸易隐含碳排放的增长可能存在促进[81]或抑制[100]效应；结构效应可能增加[81,107,117,127]出口贸易隐含碳排放，也可能减少[80,100,103,109,115,126,128]，对进口贸易隐含碳排放也可能具有促进[81]或抑制[100]的作用；一些研究认为技术效应会增加出口贸易隐含碳排放[126]，而另一些研究则持相反观点，认为会抑制出口贸易的隐含碳排放[80,81,100,103,104,107,109,115,117]，而对进口贸易隐含碳排放则普遍认为是具有抑制效果的[81,100,121]。②将贸易隐含碳嵌入全球价值链体系，通过计算隐含碳增加值指数[129]、全球价值链地位指数[130,131]、参与度指数[130,131]、区域价值链嵌入度指数[132]等指标，综合分析我国贸易隐含碳排放的环境成本与贸易利得[133]、贸易隐含碳排放的边际增加值[129]，指出我国由于出口的行业产业（如制造业）大多位于产业链的下游，处于较低的全球价值链分工地位，从而带来了较大的贸易隐含碳排放，以及环境代价[106,130,134]，由出口贸易隐含碳排放带来的环境成本明显高于贸易利得[133]。要实现贸易隐含碳减排，需采取对我国制造业进行转型升级[108,130,132,135]和能源消费结构改善[113]、鼓励低碳排放高附加值行业（如服务业和高技术产业[132,133]）等的出口[106,108,113,130]、推进"一带一路""金砖+"等区域价值链的合作与分工[83,106,130,133,135]等政策手段。

在其他环境隐含流的国内研究中，与碳隐含流的研究方法和研究思路类似，应用投入产出模型[136-143]，核算我国进出口贸易的隐含能源流[136,138,141,144]、环境污染流[145-149]及行业分布[150-152]，大部分学者认为我国是隐含能源[79,136,137,141-143]和隐含污染排放[145,146,151,153,154]的净出口国，并结合前述提及的影响因素分解的方法分析得出规模效应、结构效应和技术效应等三大效应对贸易环境隐含流的影响，得到的主要结论与碳隐含流的结论较为接近[83,136,140,145,147,153,155-157]。结合节能减排的战略问题[77,158,159]，指出我国进口贸易规模的增大会带来正向的行业节能减排效益，通过调整行业进口贸易的规模，实现节能减排的优化布局[159]。

国内外关于贸易环境隐含流的研究中对微观产品层面的研究较少，主要归因于数据可得性和复杂性，以及研究维度和系统边界的局限性[101]。Sato[89]应用物质平衡方法，结合全球足迹网络（GFN）、生命周期评价方法等，对2006年双边贸易产品层面的隐含碳流动进行了更为细致的核算与分析，指出约10%的产品贸易贡献了70%的国际贸易隐含碳排放，其在地理分布上具有区域性特征，且主要的贸易集团（中国、美国、欧盟）在全球各类别产品供应链上均具有显著地位；Yang 等[87]将投入产出分析与生命周期评价方法进行结合（EIO-LCA），对中美贸易中的能源隐含流进行分析，指出在1997—2011年的中美贸易中，中国是隐含能源的净出口国，导致中国的能耗大幅增加，而美国的能耗则大幅下降。

2.4 小结

本章从已有研究中对贸易与环境关系的讨论、贸易环境公平性以及贸易的环境隐含流3个方面进行了文献综述，分析了贸易与环境关系的重要理论、环境公平性的研究进展，并进一步分析了环境公平性评估的核心难点，贸易环境影响与环境隐含流核算方法的国内外研究进展。通过对已有研究的分析与综述，指出了贸易环境隐含流分析与贸易环境公平性定量评估的局限性。当前研究的主要局限性体现在：

（1）研究维度的局限性：国内外学者主要从宏观（国家和地区）以及中观（行业和产业）的层面，应用环境扩展的投入产出模型及其衍生模型，对双边、区域及全球的国际贸易隐含环境影响进行核算，但并未考虑到同一产业或行业内部各产品贸易隐含环境影响可能存在的差异性，使其研究结果无法实现产品级的具体分析与政策管理应用，无法落实到贸易政策的产品目录中，不能满足当前精细化管理的政策需求。

（2）研究对象的局限性：已有研究主要分析了贸易隐含碳、隐含能源、虚拟水等单一环境要素的隐含环境影响，并根据单一环境要素的贸易环境隐含流进行政策分析，而不同类别环境影响在不同产品或行业中的分布比例存在一定的差异，仅根据单一环境要素进行分析与政策制定可能会导致环境影响的转移，如出现低碳高污染等。

（3）环境影响定义的局限性：已有研究中对贸易环境影响的定义均仅考虑贸易发生后对各国所带来的表观环境影响增加，但并未综合对比贸易发生前后各国的实际环境影响变化，在国际贸易中无法体现各国的真实环境质量变化，从而加剧国家间贸易的环境不公平性。

（4）贸易的环境公平性指标的局限性：环境公平性指标仅考虑了贸易带来的环境影响与经济效益，并未将经济发展水平纳入其中，无法直接体现环境公平性所应强调的群体差异性。

基于上述已有研究的局限性，本研究拟通过生命周期评价的方法，在战略性金属资源产品国际贸易中，评估各产品全生命周期多环境要素的综合环境影响；通过借鉴经济学中"机会成本"的概念，分析贸易带来的实际环境影响变化，形成环境隐含流；并结合成本-效益分析得到的实际资源环境净效益与各国的人均 GDP 水平，重新定义贸易的环境公平性指数，充分体现贸易对不同群体带来的环境不公平性。

第3章
国际贸易的产品生命周期环境影响评估

本章拟通过生命周期评价方法，基于全球生命周期环境影响评价数据库、文献调研与企业调研等数据，确定各国战略性金属资源产品生产加工的能源消耗与工艺技术水平，形成产品的生命周期清单。据此核算其环境影响潜值，并借鉴经济学中的"机会成本"概念，定义国际贸易对各国带来的实际环境影响变化，评估贸易的综合环境影响。

3.1　研究方法与系统边界

本研究对战略性金属资源产品的全生命周期环境影响的核算，主要通过生命周期评价方法中的环境影响清单分析与环境影响潜值实现。生命周期评价（Life Cycle Assessment，LCA）是分析产品全生命周期环境影响的重要方法，ISO 14040将其定义为一个产品生产体系全过程的输入、输出以及潜在环境影响的集合与评估[160]。根据生命周期评价的一般步骤形成战略性金属资源产品的贸易环境影响核算框架，如图3.1所示。

具体核算步骤如下：

（1）确定研究边界及各产品生命周期环境影响清单

选取与四种战略性金属资源产品贸易类别对应的产品作为核算的主要对象，并假设所有产品生产加工的原材料产品与能源均为国内生产。在对系统边界的界定上，根据数据可得性，确定2018年为本研究的基准年，并仅考虑产品的生产制造"摇篮到大门"（Cradle-to-gate）的全过程环境影响，即从资源开采到产品出厂全过程，产品生产仅考虑原料的开采与生产，不考虑其后续的使用与废弃；废弃物则仅考虑其处理处置过程的环境影响，而不考虑其上游产品生产制造与使用以及下游产品的再利用环节（图3.2）。

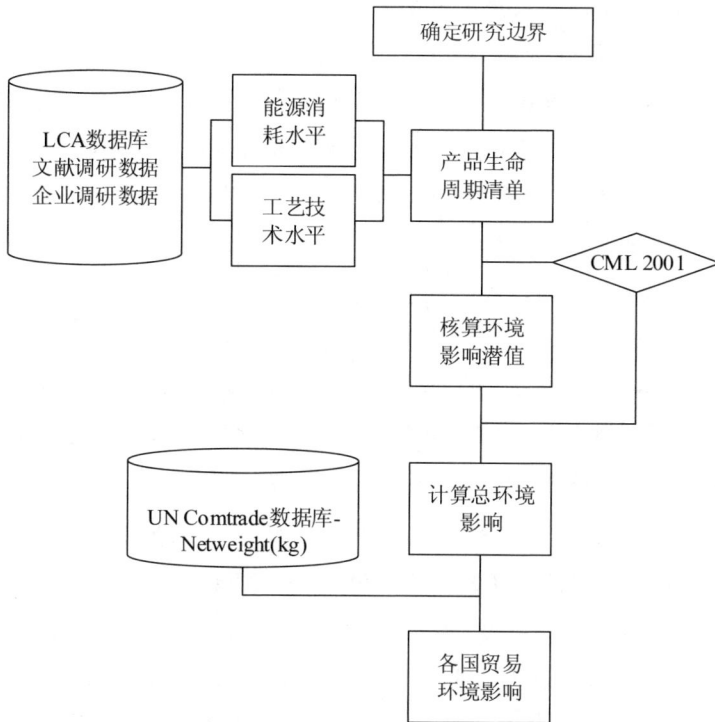

图3.1　战略性金属资源贸易环境影响核算框架

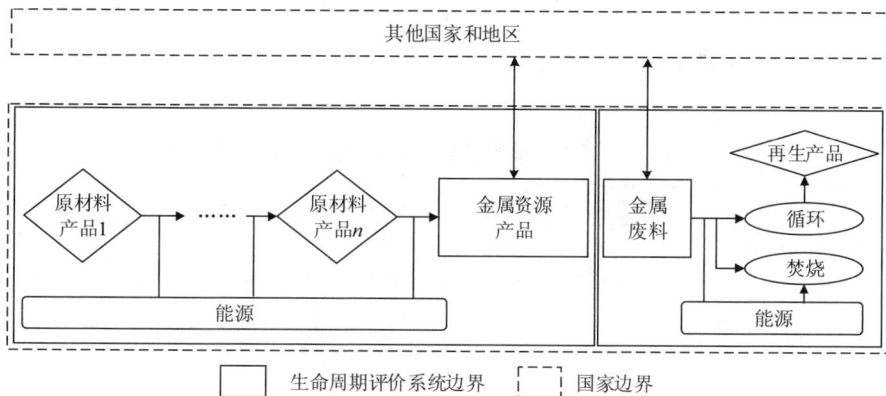

图3.2　战略性金属资源产品生产加工生命周期评价的系统边界

（2）核算各产品生产环境影响潜值

生命周期环境影响清单分析得到的各类别环境影响潜值包括非生物性资源耗损潜值、酸化潜值、富营养化潜值、生态毒性潜值、全球变暖潜值、光化学臭氧层耗损潜值等。由于各类别环境影响潜值存在量纲的差异，在不同研究中采用的生命周期影响评估方法不同，为使得环境影响具有可比性与可加性，本研究对各类别环境影响潜值评估结果进行标准化与归一化处理，形成综合环境影响，可表示为

$$\varepsilon_{xi} = \sum \frac{POA_{xi}}{POA_{std}} \times POA_{factor} \qquad (3\text{-}1)$$

式中，ε_{xi} 为国家 i 生产产品 x 的综合环境影响；POA_{xi} 为根据环境影响清单得到的国家 i 生产产品 x 的某项环境影响潜值；POA_{std} 为该类环境影响潜值标准化基准因子；POA_{factor} 为该类环境影响潜值对应的权重因子。

由于本研究旨在体现多环境要素的环境影响，因此选取可体现多种环境影响类别的评估方法，主要包括 CML、ReCiPe、TRACI 等，其中，CML 评估方法的标准化因子主要适用于欧盟和全球[1]，且更新时间为2016年，与本研究关注的2018年较为接近；ReCiPe 评估方法通过中点和终点指标对环境影响潜值进行刻画，尽管中点指标的不确定性相对较小，但该方法的开发者并未提供各中点指标的权重[2]；TRACI 评估方法主要适用于美国情景[3]。综合考虑评估方法的时效性、不确定性和可得性，本研究选取 CML 评估方法，确定标准化因子和权重因子。将2000年的全球平均环境影响潜值[161,162]作为标准化基准因子 POA_{std}，并选取 GaBi 数据库[163]CML 评估方法对应的权重因子 POA_{factor}，如表3.1所示。

表3.1　环境影响潜值标准化基准因子及权重

环境影响潜值类别		2000年全球均值	单位	权重
非生物性资源耗损（ADP）	元素	3.61×10^8	kg Sb eq./a	6.4
	化石燃料	3.80×10^{14}	MJ/a	7
全球变暖（GWP）		4.22×10^{13}	kg CO_2 eq./a	6.1

---

① 参考 GaBi 提供 CML 2001 评估方法的 LCIA Documentation：http://www.gaBi-software.com/international/support/gabi/gabi-lcia-documentation/cml-2001/。

② 参考 GaBi 提供 ReCiPe 评估方法的 LCIA Documentation：http://www.gaBi-software.com/international/support/gabi/gabi-lcia-documentation/recipe/。

③ 参考 GaBi 提供 TRACI 评估方法的 LCIA Documentation：http://www.gaBi-software.com/international/support/gabi/gabi-lcia-documentation/traci/。

环境影响潜值类别		2000年全球均值	单位	权重
人体毒性（HTP）		2.58×10^{12}	kg 1,4-DCB eq./a	6.6
生态毒性（ETP）	淡水生态毒性（FAETP）	2.36×10^{12}	kg 1,4-DCB eq./a	6.8
	海洋生态毒性（MAETP）	1.95×10^{14}	kg 1,4-DCB eq./a	9.3
	陆地生态毒性（TETP）	1.09×10^{12}	kg 1,4-DCB eq./a	7.1
臭氧层耗损（ODP）		2.27×10^{8}	kg CFC eq./a	6.8
光化学效应（POCP）		3.68×10^{10}	kg C_2H_4 eq./a	6.2
酸化（AP）		2.39×10^{11}	kg SO_2 eq./a	6.5
富营养化（EP）		1.58×10^{11}	kg PO_4^{3-} eq./a	6.8

（3）计算各产品生产总环境影响

对各产品生产过程环境影响和能源消耗环境影响进行加总得到不同国家或地区生产或处理单位产品或废弃物的总环境影响。

（4）计算各国产品贸易的环境影响

本研究借鉴了经济学中"机会成本"的概念，即作出一项选择或决策而不得不放弃另一项选择或决策的利益损失[164]，类比到贸易的环境影响中，则为若不存在贸易关系时各国的环境影响情况。而贸易的发生，使各国承担了本应由其对应贸易国承担的环境影响变化，因此可定义贸易的实际环境影响变化为贸易发生前后各国环境影响变化的差值。具体而言，对上述关系的表达式解释及贸易带来的实际环境影响变化的定义如下：

在贸易关系 $r(i,j)$ 中，出口国 i 向进口国 j 出口 $w(i,j)$ 的产品 x，出口国 i 生产产品 x 的环境影响为 ε_{xi}，进口国 j 生产产品 x 的环境影响为 ε_{xj}，则对于进口国 j 而言，由于从出口国 i 进口了相应的产品，而本应由本国承担的环境影响转化为 0（本研究不考虑进出口过程带来的环境影响），其环境影响可表示为

$$EIP(j)=-w(i,j)\times\varepsilon_{xj} \qquad (3\text{-}2)$$

而对于节点国家 i 而言，生产出口至节点国家 j 的产品 x 带来的额外环境影响可表示为

$$EIP(i)=w(i,j)\times\varepsilon_{xi} \qquad (3\text{-}3)$$

由贸易关系 $r(i,j)$ 带来的总环境影响可表示为

$$EIP(i, j) = w(i, j) \times (\varepsilon_{xi} - \varepsilon_{xj}) \qquad （3-4）$$

而当贸易产品为金属废碎料 y 时，由于金属废碎料作为固体废弃物应视作产品的报废产物且需进一步处理处置，而非生产的产品，因而在考虑其环境影响时的系统边界时，应包括为金属废碎料的处理处置以及资源化的全过程。在金属废碎料 y 的贸易中，国家 i 作为出口国，需考虑若其不出口 $w(i, j)$ 的金属废碎料 y，而是由本国固体废弃物处理体系进行处理，即按照一定比例进行填埋（εLF_{yi}）、焚烧（εINC_{yi}）与循环利用（εRCL_{yi}）的总环境影响，而出口后环境影响视为0。因此，对于出口国 i 而言，出口金属废碎料 y 的环境影响为

$$EIP(i) = 0 - w(i, j) \times (\varepsilon LF_{yi} + \varepsilon INC_{yi} + \varepsilon RCL_{yi}) \qquad （3-5）$$

国家 j 作为进口国，进口的金属废碎料虽然在一定程度上可作为额外带来的资源化产品原料，但考虑到本国金属原料市场的需求及资源化技术可能存在的先进性与经济性问题，进口国对金属废碎料的处理处置依然与本国固体废弃物管理体系相一致，即按一定比例填埋、焚烧与循环利用，其环境影响可表示为：

$$EIP(j) = 0 + w(i, j) \times (\varepsilon LF_{yj} + \varepsilon INC_{yj} + \varepsilon RCL_{yj}) \qquad （3-6）$$

选取 UN Comtrade 中15种战略性金属资源产品对应的53个4～6位 HS 编码产品"Netweight（kg）"数据项，作为各类别金属资源产品的贸易量，与单位产品的总环境影响相乘可得各国贸易产品在本国生产加工的环境影响。而对一些涉及多个产品的产品类别（如铝材等）的核算，则需对所有产品的环境影响进行分别计算并加总。

3.2　数据来源与基本假设

本研究的数据来源主要为联合国商品贸易统计数据库（UN Comtrade）、生命周期评价国际数据库、文献调研以及企业调研；考虑到数据的可得性和完整性，本研究的基准年设定为2018年。在本研究的各数据来源中，UN Comtrade 数据库所获得数据为2018年174个贸易国家的国际贸易数据，仅考虑进出口数据，而不考虑再进口/再出口以及镜像数据等其他数据类型；在生命周期评价国际数据库、文献调研以及企业调研数据中，由于存在数据时效性与更新周期等问题，本研究在选取相应的数据时，优先选取2018年的数据，若2018年数据不可得，选取近5年且与2018年最为相近的数据。

首先，选取 UN Comtrade 数据库与本研究涉及的四种战略性金属元素（锂、

铜、铝、稀土）相关类别4～6位编码产品的统计数据，具体类别对应情况见表 A.1（应用 HS 编码类别，由于研究为近10年贸易网络分析，因此考虑以 H3、H4、H5 编码对应的商品类别为准[①]，表 A.1中所列商品类别名称以其对应年份最新编码类别为准）。研究共涉及174个贸易国家，其中英文名称与联合国国家类别如表 B.1所示。

根据物质流分析的全流程（图3.3），将研究所涉及的金属资源产品分为3类：原材料产品，包括金属矿、粗炼金属、精炼金属及合金、金属化合物；中下游高附加值产品，包括金属材料、金属产品；废弃物，包括金属废料。特别地，在金属产品的选取上，本研究仅考虑了锂产品。原因在于，一方面，稀土、铜、铝产品所涉及的行业和产品类别繁多，包括电器电子产品、汽车、航空航天等，且产品组分较为复杂，主要以零部件的形式存在于产品中，无法按单一资源产品进行处理，因此不予考虑；另一方面，对于本研究重点分析的锂产品即锂离子电池，尽管碳酸锂当量在其中占比仅为14%左右，但在锂资源产品贸易中，锂离子电池是较为关键的贸易产品，应予以特别关注。

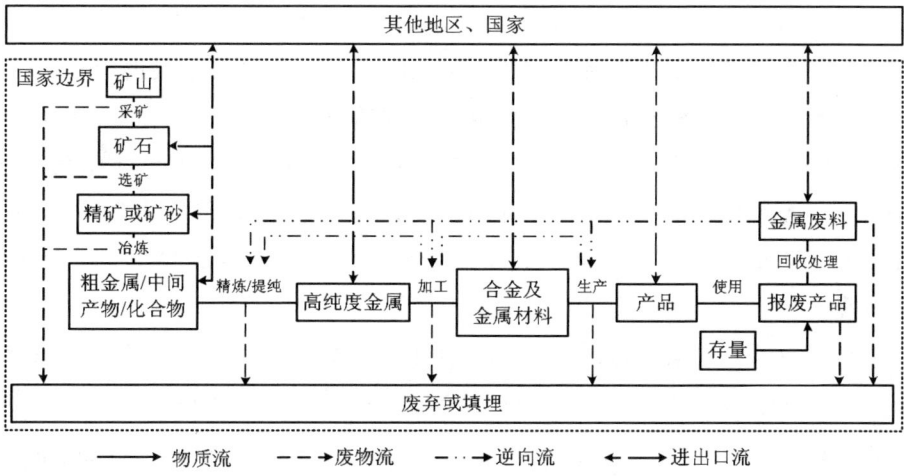

图3.3 金属元素物质流分析流程示意图

需要特殊说明的是，UN Comtrade 数据库所提供的稀土资源产品的进出口贸易，由于各国统计口径与对产品类别的定义不一致，所应用的6位编码数据并不能较好体现全部类别的稀土资源产品。例如，稀土金属矿在 UN Comtrade 中并无直接

[①] H0、H1、H2 编码时间皆早于研究起始年 2009 年，而 H3 编码更新时间为 2007 年，最为接近研究的时间范围，因此采用 H3、H4、H5 编码类别产品。

对应的6位编码，仅有编码为253090的产品，命名为"除25章提及之外的矿物产品"，对其有所提及，而在我国海关统计数据库中采用了8位主码+2位附加码的编码形式，其在《中华人民共和国进出口税则（2020）》①中的对应8位主码编码为25309020。再如，UN Comtrade 的6位编码为720299的产品，命名为"未列名铁合金"，而根据我国的产品海关统计8位编码，其可细分为72029911的"速凝永磁片"、72029912的"钕铁硼磁粉"、72029919的"其它钕铁硼合金"、72029991的"按重量计稀土元素总含量在10%以上的其他铁合金"，以及72029999的"未列名铁合金"。考虑到数据可及性和假设合理性，本研究对这两种特殊情况不予考虑。

本研究剔除了编码为0的"World"节点，且将具有相同金属元素类别的产品作合并分析处理。在 UN Comtrade 的统计数据中，"Value"数据项为各国实际发生的产品贸易额，为各国实际申报数据，本研究认定其为准确数据，不确定性为0；"Netweight（kg）"数据项为各国发生贸易关系的产品重量，由于各国在申报数据时，对产品贸易量的数据单位与世界海关组织（World Customs Organization，WCO）的推荐数据单位（Recommended Units）有所不同，因此最终报告的贸易量数据可能存在一定的估算，存在一定的不确定性。本研究将在第5章的不确定性分析中予以展开讨论。

本研究在核算各产品贸易环境影响时所选取的生产技术清单主要在 GaBi 数据库[163]和 Ecoinvent 数据库[165]所提供的清单信息基础上进行计算与调整，能源消耗的环境影响清单数据来源主要为 GaBi 数据库 Energy Conversion 子数据库。具体的数据来源及设定在本章后续对四类金属资源产品的具体讨论与分析中予以详细说明。

在核算单位产品产出的环境影响时，由于无法获取所有国家和地区生产技术清单数据，因此本研究按区域（如亚洲、非洲、中东、欧盟等）对所有的贸易国家进行地区划分，采用地区平均生产技术水平予以替代（表3.2），对清单中上游能源消耗（如原油、煤、天然气、电等）则选取不同国家的能源情景，来体现应用同一技术清单的国别间产品生产的环境影响差异。

需要特别说明的是，由于本研究应用的国际贸易数据及国家（地区）类别分类中单独列示"中国香港"及"中国澳门"，因此，后文提及或结果展示的"中国"均指代"中国内地"，且设定统一的工艺技术。由于台湾地区数据不可得，因此本研究不予考虑。

---

① 来源：http://gss.mof.gov.cn/gzdt/zhengcefabu/201912/t20191230_3452186.htm。

表3.2 清单产品生产工艺技术及区域设定

金属资源		清单产品	主要生产工艺技术	应用国家或地区
稀土	稀土化合物	氧化稀土	硫酸法+烧碱法	中国
			氧化焙烧盐酸浸出	
			萃取分离沉淀	
			独居石-硫酸法	巴西
			独居石-烧碱法	美国、澳大利亚、印度、泰国、马来西亚
			氟碳铈矿-氧化焙烧法	俄罗斯、越南
	稀土金属及合金	轻稀土	熔盐电解法	中国
	稀土材料	永磁材料	氧化钕永磁材料生产加工全流程	中国、美国、澳大利亚、俄罗斯等原材料生产国
			氧化钕永磁材料加工	日本等原材料依赖进口的国家
锂	锂化合物	碳酸锂	矿石提锂（中国）	中国、澳大利亚、巴西、加拿大、葡萄牙、津巴布韦
			卤水提锂（全球）	其他国家
	锂产品	锂离子电池	磷酸铁锂、锰酸锂、钴酸锂、三元锂电池	中国、日本、韩国、德国
铜	铜矿	铜精矿	硫化矿采选工艺	亚洲、欧洲、澳大利亚、北美、南美、全球
	粗铜	含铜量98.5%	火法	亚洲、欧洲、澳大利亚、北美、南美、中国、全球
	精炼铜	含铜量99.99%	火法；湿法	亚洲、欧洲、澳大利亚、北美、南美、中国、全球
	铜化合物	氧化铜、硫酸铜	（化学反应方程式）	亚洲、欧洲、澳大利亚、北美、南美、全球
	铜材	铜片、铜管、铜丝	压铸、锻造、轧制	欧洲、北美、中国、乌克兰、巴西
	铜废料	铜废碎料	焚烧；循环利用	欧洲、非洲、日本、德国、中国、美国、巴西
铝	铝矿	铝土矿	洗矿、磁选、浮选	全球
	铝化合物	氧化铝	拜耳法	欧洲、北美、中东、中国、全球
	铝材	铝锭、铝箔、铝片、铝型材	熔炼、压铸、锻造等	欧洲、北美、中东、中国、巴西、加拿大、德国、俄罗斯、美国、乌克兰、全球
	铝废料	铝废碎料	焚烧；循环利用	北美、欧盟、中国

3.3 稀土资源产品贸易的环境影响评估

3.3.1 生产工艺技术设定

（1）稀土化合物

由稀土元素物质流全生命周期流程可知,稀土化合物可通过对稀土精矿进一步冶炼分离得到,经提取和提纯得到稀土金属及合金。基于我国是全球稀土资源的主要供应国家的事实,本研究拟应用中国的稀土矿采选工艺和冶炼分离工艺。具体工艺流程如图3.4所示[5,30]。

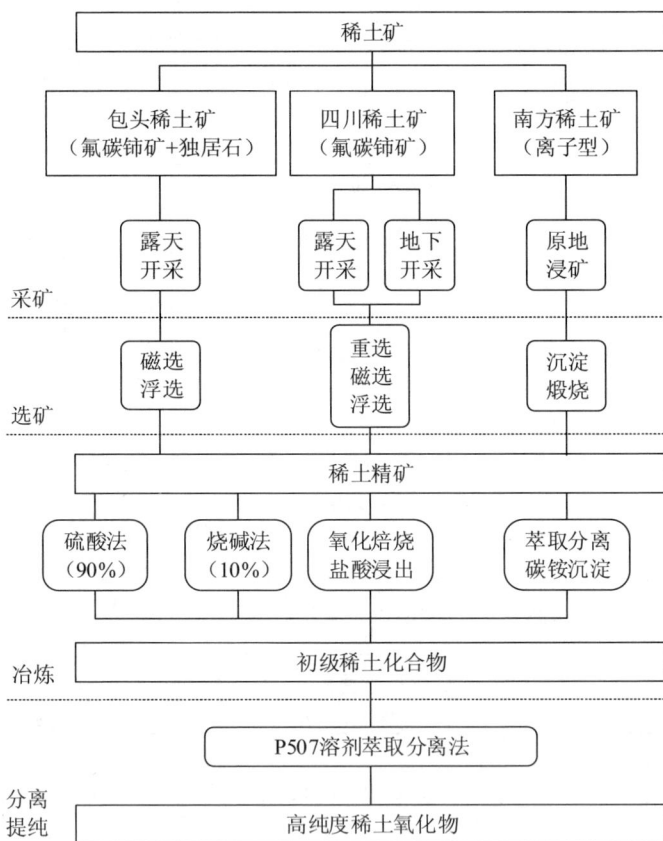

图3.4 我国稀土氧化物生产工艺流程

我国的主要稀土矿如包头白云鄂博稀土矿、四川氟碳铈稀土矿、南方离子吸附型稀土矿等，应用的采选矿工艺与稀土矿的类型和地理环境有关。本研究对采选矿工艺与冶炼工艺的选取和设置如下：包头白云鄂博稀土矿应用露天采矿的开采工艺，通过磁选-浮选联合工艺进行选矿，采用硫酸法（90%）和烧碱法（10%）进行稀土精矿的冶炼分离，得到初级稀土化合物；四川氟碳铈稀土矿应用露天+地下采矿的开采工艺，选矿的工艺流程为重选—磁选—浮选，对稀土精矿的冶炼分离工艺选取氧化焙烧-盐酸浸出化学法处理工艺；南方离子吸附型稀土矿应用原地浸矿工艺进行开采，通过沉淀、煅烧等得到稀土精矿，经萃取分离和碳铵沉淀等处理后得到稀土氧化物。对冶炼得到的初级稀土化合物或氧化物应用 P507萃取剂进行分离提纯，得到高纯度的稀土氧化物。

本研究根据2018年我国稀土矿开采总量控制指标[166]设定生产稀土氧化物的三种稀土矿来源和采选冶炼工艺比例分配，如表3.3所示，内蒙古包头白云混合型稀土矿、四川氟碳铈稀土矿、南方离子型稀土矿的开采量共占当年开采总量的97%，因此将三种稀土矿作为我国稀土氧化物的来源是合理的。

表3.3　我国3种稀土矿2018年总量控制指标及应用比例设置

稀土矿	总量控制指标/t REO*	比例/%
包头白云混合型稀土矿	69 250	59.5
四川氟碳铈稀土矿	28 000	24.1
南方离子型稀土矿	19 150	16.5

* REO 指稀土行业中用于计量稀土资源或产品总量的标准单位，指以公吨为单位的稀土氧化物总量。

基于Lee和Wen的研究[5]中对我国三种稀土矿的采选和冶炼工艺物料投入与排放清单的分析，形成我国稀土氧化物生产的综合技术生命周期清单。

对2018年全球稀土矿分布的主要国家稀土矿产量（折合成稀土氧化物）以及主要的矿物类型进行分析，如表3.4所示，本研究假设全球各主要国家的稀土氧化物生产均根据不同的矿物类型应用我国对应类型矿物生产稀土氧化物的清单。

由于我国在稀土采选、冶炼、分离等方面具有绝对的资源和技术优势地位[167]，且有相当一部分的稀土矿开采国家将开采出的稀土金属矿出口至我国，因此，根据我国的海关数据统计[①]，2018年，我国的稀土金属矿贸易为净进口，共进口稀土金属矿2.9万 t，进口额为3.4亿元，主要进口来源国家为美国（96.7%）、布隆迪（1.8%）和肯尼亚（1.5%）。基于我国的技术优势以及稀土冶炼分离技术的数据不可及性，本研究将我国的稀土氧化物生产清单作为全球的生产清单是合理的。

表3.4　全球主要国家2018年稀土矿产量及主要矿物类型[168]

国家	产量/t REO	主要矿物类型
美国	15 000	氟碳铈矿、独居石
澳大利亚	20 000	独居石
巴西	1 000	独居石
中国	120 000	氟碳铈矿、离子型、独居石
印度	1 800	独居石
马来西亚	200	独居石、磷钇矿、铌钇矿
俄罗斯	2 600	磷灰石矿、氟碳铈矿
泰国	1 000	独居石
越南	400	氟碳铈矿

除图3.4中对混合型稀土矿、氟碳铈矿、离子型稀土矿的采选与冶炼分离的技术选择外，国内对以独居石精矿为主要原料的冶炼方法选择上，湖南等南方省市主要应用烧碱法进行冶炼[169]；已有文献研究中，巴西对独居石精矿的冶炼方法选择的是硫酸法[170]；澳大利亚的独居石精矿经国内采选后直接出口至马来西亚进行冶炼分离[171]，但由于马来西亚的冶炼工艺未知，本研究假设应用烧碱法。因此，本研究设定国际上主要稀土矿分布国家中以独居石为主要稀土矿来源生产稀土氧化物的工艺技术选择，除巴西应用硫酸法外，其余均采用烧碱法为冶炼工艺。

（2）稀土金属及合金

稀土金属及合金的制备工艺主要包括熔盐电解法和金属热还原法，其中，熔盐电解法主要适用于镧、铈、镨、钕等轻稀土金属及合金的制备，占我国稀土金属及合金产品生产的95%以上；稀土化合物的金属热还原法则主要适用于中重稀土金属及合金的制备，如稀土氟化物的钙热还原法、稀土氧化物的镧热还原法和铈热还原法等[30,172]。尽管对2018年重稀土金属及合金的出口许可发放数量、实际出口量并未有官方公开数据发布，但综合考虑我国的稀土国家储备制度、主要中重离子

---

① 数据来源：海关统计数据在线查询平台，http://43.248.49.97/。

型稀土矿的停止开采[167]、国内下游高科技战略性行业的大量需求等方面因素，本研究假设2018年我国出口的稀土金属及合金全部为轻稀土金属及合金，制备工艺为熔盐电解法，应用 Lee 和 Wen 的研究[172]中所提供的稀土氟化物和熔盐电解的技术生命周期清单。根据2018年世界各国稀土金属及合金的出口贸易情况，我国的出口贸易量占全球贸易量的95%，因此在稀土金属及合金的清单选取上仅考虑我国的工艺情景。

（3）稀土材料

在我国的稀土材料类别分布中，永磁体材料约占67%[167]，具有较重要的地位。在前述贸易网络分析中选取的稀土材料为永磁体材料，且中国在2018年出口贸易网络中依然具有较高的贸易量占比（64%），本研究对稀土材料生产的工艺选取永磁材料的生产加工工艺，参考已有研究中[173,174]的中国钕铁硼永磁体生命周期清单作为稀土材料的生产清单，并应用于其他永磁体生产国家，如日本等。在确定稀土材料的全生命周期的环境影响清单时，对我国生产的边界应包括上游产品的生产，根据已有研究[5]，设定包头白云鄂博稀土矿生产的单位稀土氧化物中氧化钕的比例为48%，四川氟碳铈矿生产单位稀土氧化物中氧化钕的比例为15%，南方离子型稀土矿生产单位稀土氧化物中氧化钕的比例为8%；而对日本等原材料基本依赖进口的国家而言，仅考虑其在本国生产的环节产生的环境影响，即单一技术流程的环境影响；对美国、澳大利亚、俄罗斯等其他稀土资源的原料来源国和生产国，由于其稀土矿中氧化钕含量没有公开统计数据，因此考虑应用我国的稀土矿氧化钕平均含量作为各国的氧化钕比例，且假设原料生产国出口的钕铁硼永磁体100%应用国内制备的钕铁硼合金进行生产与加工。

3.3.2 贸易的环境影响核算结果分析

根据前述对稀土化合物生产生命周期清单的选取和基本假设，核算稀土资源产品各生产工艺及组合的生命周期环境影响比例分布可知，生态毒性和人体毒性是最为主要的两种环境影响类别，平均占比99%和1%。在稀土化合物各生产工艺的生命周期环境影响潜值中，如图3.5所示，3种稀土矿综合的生产工艺，即中国的稀土矿采选冶炼综合技术，其酸化（64%）和富营养化（48%）环境影响占比最大；独居石矿采选+硫酸法冶炼技术组合的生态毒性（40%）、人体毒性（40%）、光化学效应（38%）和全球变暖（23%）环境影响占比最大。独居石矿采选+烧碱法冶炼技术组合在各项环境影响潜值中占比均较小，氟碳铈矿采选+焙烧浸出冶炼技术组合除全球变暖潜值外，其他类别的环境影响均小于其他生产工艺，总环境影响最小。

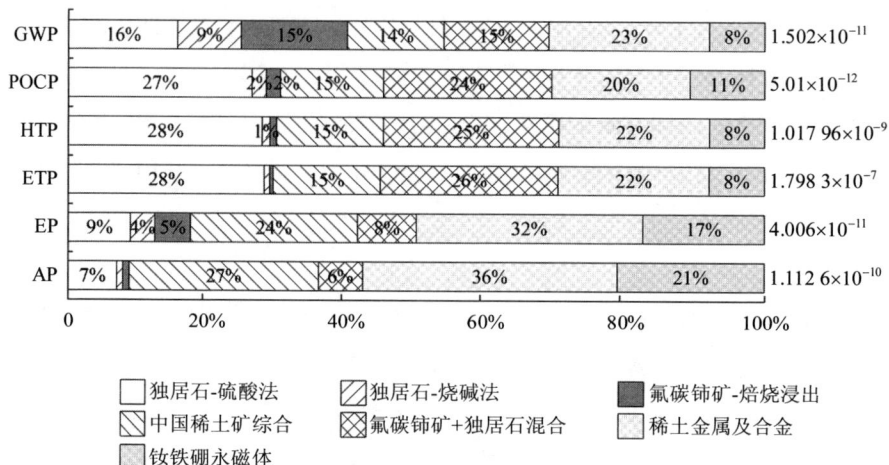

GWP	16%	9%	15%	14%	15%	23%	8%	1.502×10^{-11}
POCP	27%	2% 2%	15%	24%	20%	11%	5.01×10^{-12}
HTP	28%	1%	15%	25%	22%	8%	$1.017\ 96 \times 10^{-9}$
ETP	28%	15%	26%	22%	8%	$1.798\ 3 \times 10^{-7}$
EP	9% 4% 5%	24%	8%	32%	17%	4.006×10^{-11}
AP	7%	27%	6%	36%	21%	$1.112\ 6 \times 10^{-10}$

□ 独居石-硫酸法　　　　⊘ 独居石-烧碱法　　　　■ 氟碳铈矿-焙烧浸出
⊠ 中国稀土矿综合　　　　⊠ 氟碳铈矿+独居石混合　　□ 稀土金属及合金
▨ 钕铁硼永磁体

图3.5　稀土化合物生命周期环境影响比例分布

注：此堆叠柱状图纵轴为主要的生命周期环境影响类别，最右列为该类别生命周期总环境影响（无量纲）；
　　横轴为各生产工艺及组合在各生命周期环境影响类别的占比，部分关键比例数值已标注于柱状图中。后同。

稀土金属及合金与钕铁硼永磁体生产的全生命周期环境影响中，如图3.6所示，稀土金属及合金的生产制备所带来的各项环境影响更大。

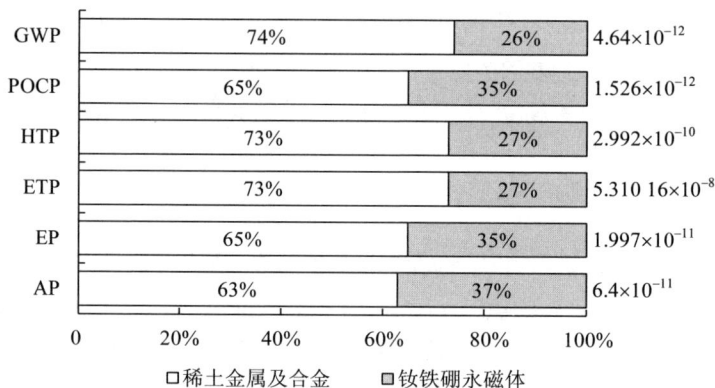

GWP	74%	26%	4.64×10^{-12}
POCP	65%	35%	1.526×10^{-12}
HTP	73%	27%	2.992×10^{-10}
ETP	73%	27%	$5.310\ 16 \times 10^{-8}$
EP	65%	35%	1.997×10^{-11}
AP	63%	37%	6.4×10^{-11}

□ 稀土金属及合金　　　▨ 钕铁硼永磁体

图3.6　稀土金属与稀土材料生命周期环境影响比例分布

注：由于对稀土金属及合金以及钕铁硼永磁体的单一生产加工环节选用相同的工艺，仅在生产链的上游
　　产品制备工艺技术上予以国别和地区的区分，各类别工艺在环境影响潜值中的比例分布与上游产品，即
　　稀土氧化物的制备比例分布相同。为更清晰地反映不同稀土资源产品间的环境影响比例分布情况，仅简
　　化表示中国生产两种稀土资源产品的环境影响情况。

总体上，如图3.7所示，稀土化合物和稀土材料的贸易给全球带来环境影响的显著增加，稀土化合物的贸易环境影响增加由缅甸（54%）、美国（38%）等主要原料来源国承担，而中国虽同为原料来源国，总环境影响为净减少，且占环境影响减少量的69%；稀土材料的贸易环境影响增加几乎全部由中国承担，而美国、越南等国则在稀土材料的贸易中享受了环境影响的减少。稀土金属及合金贸易带给全球的环境影响增加与减少量基本相当，且由中国承担了几乎所有的环境影响增加。

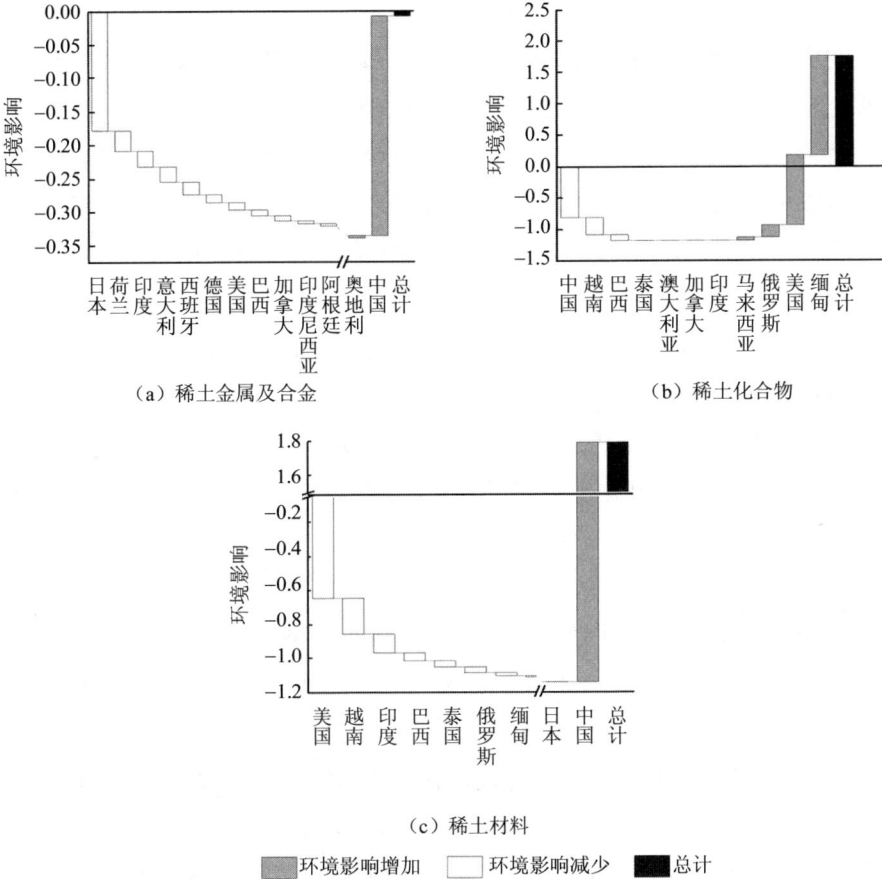

（a）稀土金属及合金

（b）稀土化合物

（c）稀土材料

环境影响增加　环境影响减少　总计

图3.7　稀土金属资源产品主要贸易国家（地区）的环境影响变化（2018年）

3.4 锂资源产品贸易的环境影响评估

3.4.1 生产工艺技术设定

（1）锂化合物

本研究仅考虑锂化合物中碳酸锂的生产环境影响情况，并设定碳酸锂生产的环境影响为锂化合物的环境影响。

目前国内外碳酸锂的生产工艺中，从矿石提取碳酸锂的主要工艺有石灰烧结法和硫酸法，以硫酸法为主，我国主要应用此方法；从盐湖卤水中提取锂盐产品的主要工艺为沉淀法，国外锂生产企业主要应用此方法[175]。

本研究设定从矿石提取碳酸锂的生产工艺为国内外普遍应用的硫酸焙烧法，对国内碳酸锂主要企业（包括赣锋锂业、天齐锂业、致远锂业、鼎盛锂业、融捷锂业等）生产的物料投入与污染物排放情况根据生产规模进行加权平均，并结合 Jiang 等[176]的研究结果，综合得到国内碳酸锂生产的生命周期环境影响清单。设定国际上主要从矿石中提取锂盐的国家，如澳大利亚、巴西、加拿大、葡萄牙和津巴布韦[177]均应用我国的矿石提锂生产技术清单。

从盐湖卤水中提取碳酸锂的生产工艺选取沉淀法，设定除上述采取矿石提锂技术的国家外，其他国家均采用卤水提锂技术，并应用基于 Ecoinvent 数据库和 Stamp 等[177]的研究所形成的碳酸锂生产环境影响清单。

（2）锂产品

在前述贸易网络分析中锂产品的产品类别主要为锂电池，然而由于产品在生产过程中所应用的技术工艺、原材料来源各不相同，且锂电池正极材料的类别（主要包括磷酸铁锂、镍钴铝和镍钴锰等三元锂、锰酸锂、钴酸锂等）、循环寿命等参数各有差异，形成各国行业平均的生产环境影响清单较复杂且难度较大。而本研究重点在于识别宏观上的伴随锂产品贸易流动所带来的环境影响，因此，根据 GaBi 数据库中提供的德国生产磷酸铁锂电池①的清单数据，以及 Vandepaer 等[178]、Kallitsis 等[179]、Yin 等[180]、Mahmud 等[181]的研究，对主要类型锂电池生产的技术清单予以适当简化。已有研究和数据库中主要涉及对中国、日本、德国的锂电池生产技术的

---

① 基于德国本国 12 kW·h 容量磷酸铁锂电池生产 1 kW·h 清单。

环境影响分析,全球锂离子电池的生产主要集中在中国、日本、韩国。因此考虑应用中国和日本生产1 kW·h锂离子电池的综合环境影响清单,并根据各国家及区域不同的生产水平予以确定和赋值。

3.4.2 贸易的环境影响核算结果分析

对本研究选取的碳酸锂及锂电池制备与生产的主要工艺技术生产单位产品的环境影响潜值进行核算,对其标准化与加权后得到的生命周期环境影响如图3.8所示。

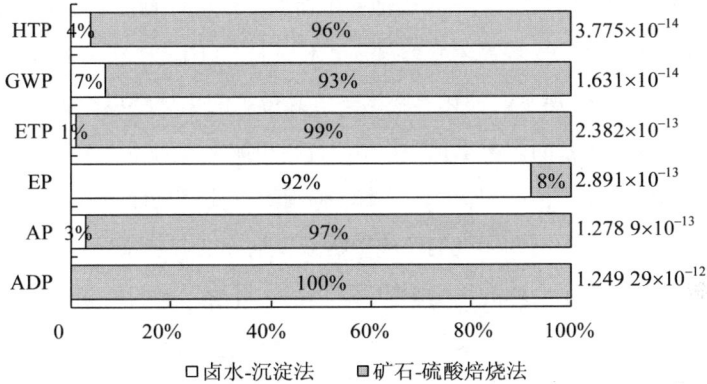

（a）碳酸锂

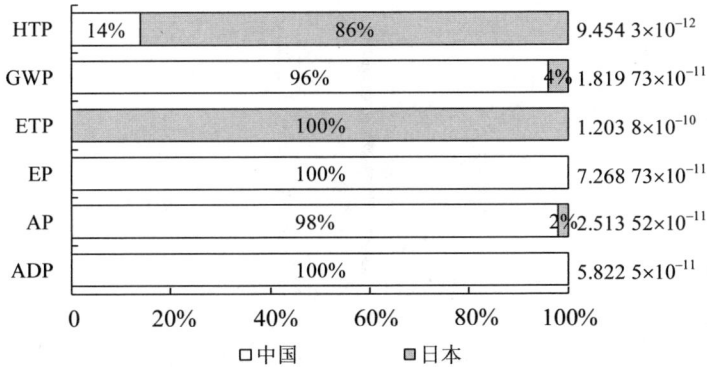

（b）锂电池

图3.8　锂资源产品生命周期环境影响对比

在碳酸锂的制备上,由图3.8（a）可知,矿石提锂工艺生产碳酸锂环境影响的主要类别为非生物性资源耗损（74%）与全球变暖（14%）,卤水提锂工艺的环境影响主要类别为水体富营养化（97%）。本研究所采用的矿石提锂工艺技术的生命周期环境影响在非生物性资源耗损、酸化、生态毒性、全球变暖和人体毒性等环境影响潜值上均大于卤水提锂工艺。

对单位锂电池生产技术的环境影响潜值分析，由图3.8（b）可知，在中国的锂电池生产的全生命周期环境影响中，富营养化（40%）、非生物性资源耗损（32%）、酸化（13%）、全球变暖（10%）为主要的环境影响类别。而在日本锂电池生产的全生命周期环境影响中，生态毒性（92%）为最主要的环境影响类别，也带来一定的人体毒性（6%）影响。中国生产锂电池的生命周期环境影响在非生物性资源耗损、酸化、富营养化和全球变暖等环境影响潜值上均大于日本。

总体上，如图3.9所示，锂化合物国际贸易带来的全球环境影响显著增加，主要由锂矿资源较为丰富的国家承担，其中，智利和加拿大的环境影响增加分别占总增加量的56%和41%，中国、印度、日本、韩国等主要锂化合物消费国家则呈现环境影响减少，其中，中国和印度的环境影响减少量分别占总减少量的62%和12%；锂产品的国际贸易带来全球的环境影响显著减少，环境影响的增加由主要的锂电池生产国和出口国承担，其中马来西亚、中国、韩国的环境影响增加量分别占总增加量的60%、20%、12%，印度、越南等主要进口国和消费国则享受了贸易带来的环境影响减少，分别占总减少量的35%和19%。

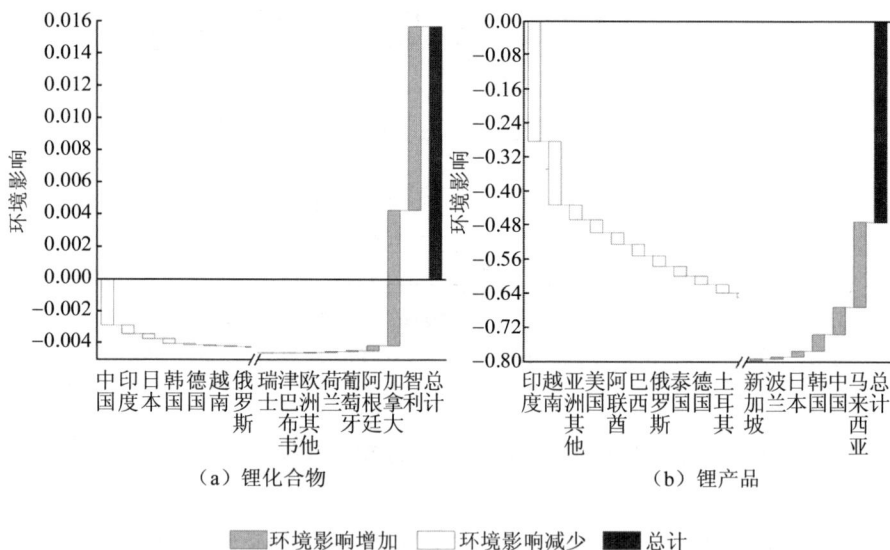

图3.9　锂资源产品主要贸易国家（地区）的环境影响变化（2018年）

3.5 铜资源产品贸易的环境影响评估

3.5.1 生产工艺技术设定

（1）铜精矿

铜精矿生产的物料投入与排放清单选取 Ecoinvent 数据库提供的亚洲、北美洲、南美洲、欧洲、澳大利亚、全球的硫化矿采矿与选矿工艺情景，设定澳大利亚的工艺情景代表大洋洲的工艺技术水平，应用全球的采选工艺技术代表非洲和中东地区的工艺技术情景。开采技术的比例分配设定为70%的露天开采与30%的地下开采，通过混合浮选工艺从铜钼矿中分离得到铜和钼[165]。

（2）粗铜与精炼铜

从铜矿石或精矿中提炼铜的过程统称为铜冶炼，铜锍和粗铜是铜冶炼过程的中间产物，对中间产物进行精炼得到精炼铜。铜冶炼技术主要分为火法炼铜和湿法炼铜，且以火法为主要技术选择，主要的铜冶炼技术流程如图3.10所示[182]。

对国际铜业研究组织（International Copper Study Group，ICSG）[183]提供的2019年全球精炼铜产能排名前20的铜冶炼企业的技术选择分析可知，全球主要铜冶炼企业的精炼产能中，约69%采用闪速熔炼法，9%采用反射炉熔炼法，22%采用熔池熔炼法；基于刘志宏[184]对我国铜冶炼行业的24家主要企业的熔炼工艺选择梳理可知，约51%的精炼产能采用闪速熔炼法，11%采用富氧底吹熔炼法，38%采用其他熔池熔炼法，反射炉等传统铜冶炼工艺在我国已被全面淘汰。

本研究粗铜和精炼铜的生产工艺数据来源为 Ecoinvent 数据库。在粗铜生产工艺技术的选取上，应用欧洲生产1 kg 铜含量为98%的粗铜的工艺技术[165]，其中，6.2%应用反射炉工艺，76%应用闪速熔炼法，17.8%应用其他熔炼工艺，整体 SO_2 削减率设定为95%；在精炼铜的生产工艺技术清单选取上，选取亚洲、北美洲、南美洲、欧洲、澳大利亚、全球的主要生产工艺，结合我国的铜冶炼主要工艺应用比例[184]，对各主要火法炼铜工艺的应用比例、湿法炼铜工艺的应用比例，以及整体 SO_2 削减率的设定如表3.5所示。

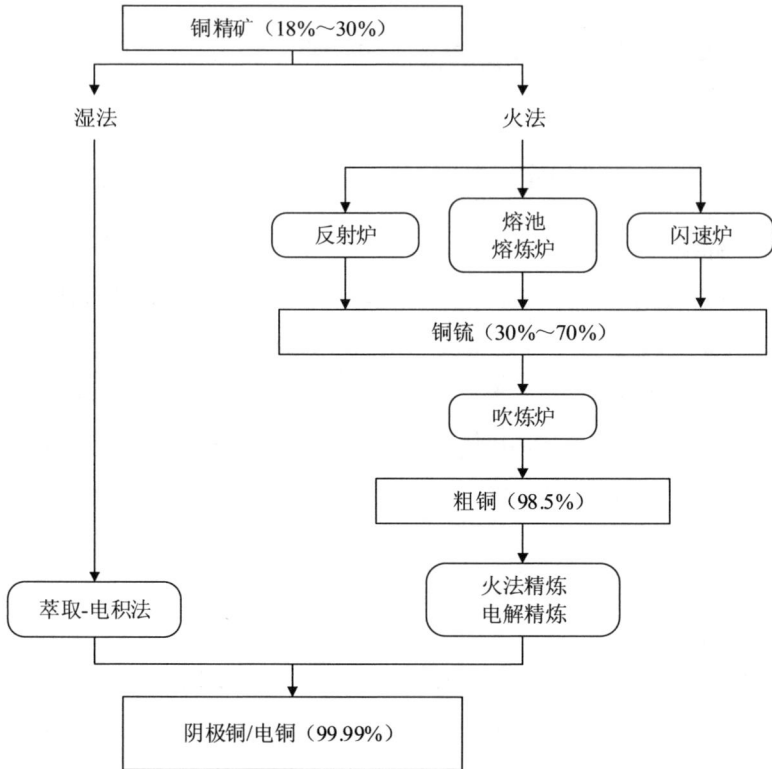

图3.10　铜冶炼技术流程示意图

表3.5　精炼铜生产工艺比例[165]　　　　　　　　　　　　单位：%

	反射炉工艺	闪速熔炼法	其他熔炼法	萃取-电积法	SO₂削减率
全球	23.7	60.7	6.2	9.4	45.4
欧洲	6.2	76.0	17.8	0.0	95.0
北美洲	23.3	53.9	5.2	17.6	50.0
南美洲	23.3	53.9	5.2	17.6	50.0
亚洲	22.8	75.7	1.5	0.0	20.0
中国	0.0	51.2	48.8	0.0	20.0
澳大利亚	23.7	60.7	6.2	9.4	45.4

注：对中国工艺比例的设定综合考虑主要铜冶炼工艺的比例分布和亚洲的比例分布情况。

　　根据上述各国家和区域精炼铜生产工艺比例的设定，综合应用 Ecoinvent 数据库和我国主要阴极铜生产企业（如江西铜业、大冶有色、东营方圆、广西有色、山东恒邦等）的技术工艺物料投入与排放，确定各主要区域的精炼铜生产的生命周期清单。

（3）铜化合物

根据数据可及性，本研究仅选取氧化铜和硫酸铜制备的生产生命周期清单作为铜化合物生产的环境影响核算产品，基于 Ecoinvent 数据库中提供的氧化铜和硫酸铜制备的单一环节生产工艺的物料投入与排放清单，结合上游产品和原材料，形成主要国家和地区氧化铜和硫酸铜制备的生命周期清单。

（4）铜材

本研究在前述铜材产品的分类上，除基础材料外，将零部件、中间产品等也纳入了铜材的考虑范围。根据基础铜材分类以及数据可得性，本研究仅考虑铜片（sheet）、铜管（tube and pipe）、铜丝（wire）的生产清单，数据来源为 GaBi 数据库。

（5）铜废料

对铜废料的处理处置，主要可分为焚烧与循环利用，根据已有对铜物质流分析的研究对铜废料的焚烧与循环利用比例进行设定，如表3.6所示。

表3.6 各国家与地区的铜废料①处理处置比例   单位：%

	焚烧②	循环利用③
全球平均[183,185]	42	58
德国[186]	34	66
中国[187,188]	44	56
美国[189]	39	61
欧盟[190,191]	40	60
巴西[192]	75	25
非洲[193]	66	34
日本[194]	35	65

注：①此处的铜废料为本国产生并进行处理处置，不包括进出口。
②考虑铜废料中除进入循环利用环节外的剩余部分均进入焚烧环节。
③此处应用的循环利用比例为铜废料中进入循环利用环节的比例，对应文献中常用的指标 End-of-life Collection Rate。由于文献的研究时间不一，仅以文献中出现的最新处理处置情景的数据作为参考。

本研究应用 Ecoinvent 数据库提供的全球和欧洲的铜废料焚烧技术清单，以及全球的铜废料处理利用的技术清单，结合表中的处理处置比例进行核算。

中国作为全球铜废料的主要进口国，需对再生铜的循环利用技术清单予以单独核算。在我国49家城市矿产示范基地的园区中，有22家基地涉及再生铜的生产与加工项目，新增资源量约占全部新增资源量的9%，其中，江西省、浙江省、山东省的城市矿产示范基地再生铜年均新增加工处理能力均达80万 t 以上，在全部城市矿产示范基地新增资源量中，共约占52%。本研究对江西省、浙江省、山东省主要再生铜企业（如贵溪东升铜业、南方有色、中旺铜业、浙江巨东、东营方圆等）的原料、产品、工艺等进行对比分析，考虑到再生铜企业应用的国内源与进口源废杂铜的含铜量相对较低且成分差异较大[195]，本研究设定我国的再生铜的生产工艺为火法精炼，主要应用富氧熔炼工艺进行"三段法"熔炼，生产流程为废杂铜→黑铜→阳极铜→电解铜。

3.5.2 贸易的环境影响核算结果分析

基于上述数据来源和基本假设，核算生产单位铜资源产品或处理处置单位铜废料的环境影响潜值，经标准化与加权后得到生命周期环境影响潜值的比例分布，如图3.11所示。

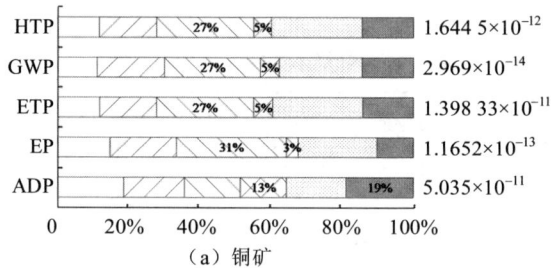

（a）铜矿

HTP	27% 5% $1.644\,5\times10^{-12}$
GWP	27% 5% 2.969×10^{-14}
ETP	27% 5% $1.398\,33\times10^{-11}$
EP	31% 3% 1.1652×10^{-13}
ADP	13% 19% 5.035×10^{-11}

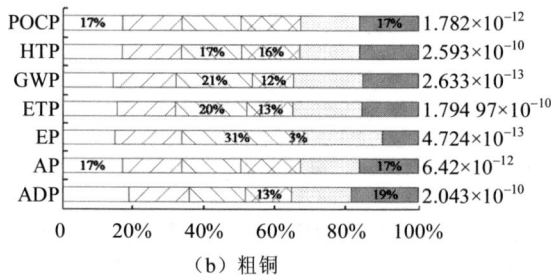

（b）粗铜

POCP	17% 17% 1.782×10^{-12}
HTP	17% 16% 2.593×10^{-10}
GWP	21% 12% 2.633×10^{-13}
ETP	20% 13% $1.794\,97\times10^{-10}$
EP	31% 3% 4.724×10^{-13}
AP	17% 17% 6.42×10^{-12}
ADP	13% 19% 2.043×10^{-10}

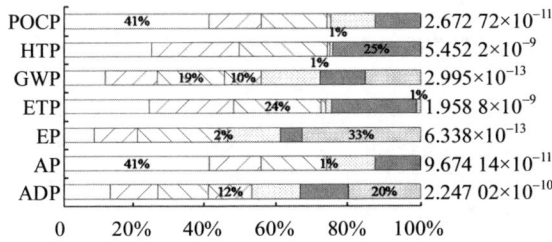

（c）精炼铜

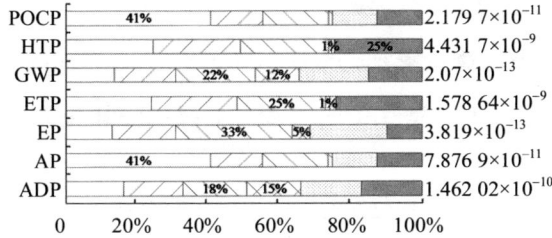

（d）氧化铜

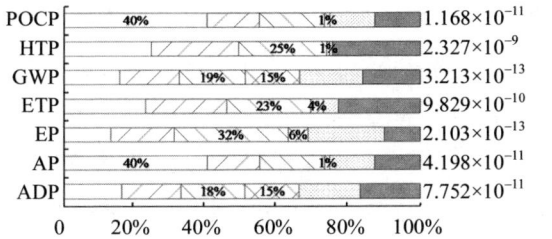

（e）硫酸铜

□ 澳大利亚　□ 全球　□ 亚洲　□ 欧盟
□ 北美　■ 南美　□ 中国

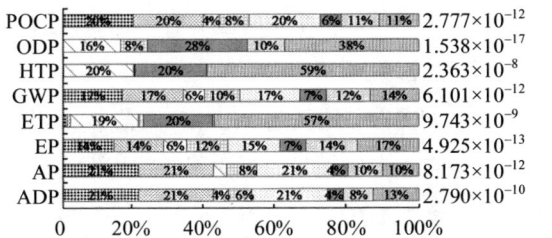

（f）铜材

▦ 铜片-巴西　▨ 铜片-中国　□ 铜片-欧盟　▨ 铜片-北美
□ 铜片-乌克兰　■ 铜管-欧盟　▨ 铜管-北美　■ 铜线-欧盟

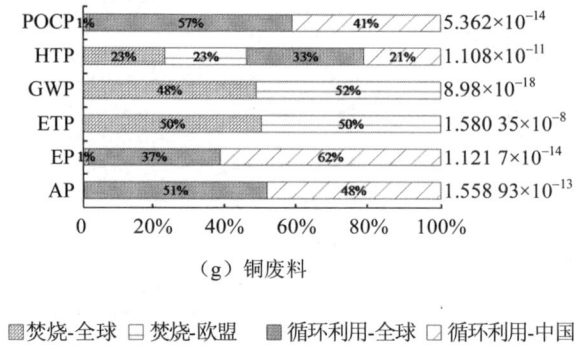

POCP 1% | 57% | 41% | 5.362×10^{-14}
HTP 23% | 23% | 33% | 21% | 1.108×10^{-11}
GWP 48% | 52% | 8.98×10^{-18}
ETP 50% | 50% | $1.580\ 35 \times 10^{-8}$
EP 1% | 37% | 62% | $1.121\ 7 \times 10^{-14}$
AP 51% | 48% | $1.558\ 93 \times 10^{-13}$

0 20% 40% 60% 80% 100%

（g）铜废料

▨ 焚烧-全球   □ 焚烧-欧盟   ▨ 循环利用-全球   □ 循环利用-中国

图3.11　铜资源产品生命周期环境影响比例分布

各主要国家和地区生产单位铜精矿的各项环境影响潜值中，非生物性资源耗损为最主要的环境影响潜值类别，平均约占总环境影响的77%。由图3.11（a）可知，在各类别环境影响潜值中，欧洲的所有环境影响潜值均占最小比例，总环境影响也最小；亚洲除非生物性资源耗损潜值外，其他四类环境影响潜值占比均最高；北美洲的总环境影响最大，各类环境影响潜值的占比也较高。

在单位粗铜生产的环境影响中，人体毒性是最主要的环境影响潜值类别，平均约占总环境影响的40%。由图3.11（b）可知，南美洲工艺的非生物性资源耗损潜值（19%）、酸化潜值（17%）和光化学效应潜值（17%）占比最高，亚洲工艺的富营养化潜值（31%）、生态毒性潜值（20%）、全球变暖潜值（21%）和人体毒性潜值（17%）占比最高；欧洲工艺整体环境影响潜值相对较小，其中，非生物性资源耗损潜值（13%）、富营养化潜值（3%）、生态毒性潜值（13%）、全球变暖潜值（12%）、人体毒性潜值（16%）均占比最小。

精炼铜的生产由于不同国家和地区选取的生产工艺类别和比例有所差异，其带来的主要环境影响潜值也存在一定差异。在中国的精炼铜生产生命周期环境影响中，非生物性资源耗损是最主要的环境影响潜值类别，占63%；在亚洲（平均，包括中国）、南美洲、澳大利亚等国家和地区精炼铜的生产生命周期环境影响中，人体毒性是最主要的环境影响潜值类别，平均约占72%；欧洲生产单位精炼铜的环境影响潜值主要为人体毒性（45%）和非生物性资源耗损潜值（28%）；北美洲则主要为人体毒性（36%）、非生物性资源耗损潜值（25%）和生态毒性（27%）。由图3.11（c）可知，在生产单位精炼铜的工艺技术组合中，中国工艺组合的非生物性资源耗损潜值（20%）和富营养化潜值（33%）占比最大，澳大利亚的工艺技术组合在酸化潜值（41%）和光化学效应潜值（41%）占比最大，亚洲平均的工艺组合中生态毒性潜值（24%）和全球变暖潜值（19%）的占比最大；欧洲的工艺技术组合在所有的环境影响潜值中均占比最小。

本研究重点核算了单位氧化铜和硫酸铜两种铜化合物的生产制备环境影响潜值，在氧化铜的制备中，人体毒性潜值是最主要的环境影响潜值，在澳大利亚、全球平均、亚洲、南美洲的工艺环境影响中平均占比72%，在北美洲和欧洲的平均占比为41%。由图3.11（d）可知，在各环境影响潜值的分布比例中，澳大利亚的氧化铜制备工艺具有最大的酸化潜值（41%）和光化学效应潜值（41%），亚洲工艺的全球变暖潜值（22%）、生态毒性潜值（25%）、富营养化潜值（33%）和非生物性资源耗损潜值（18%）最大，南美洲工艺的人体毒性潜值（25%）占比最大；欧洲工艺在所有类别的环境影响潜值中均为最小，且生产单位氧化铜的总环境影响最小。在硫酸铜的制备中，澳大利亚、全球平均、亚洲、南美洲制备工艺的人体毒性潜值是主要的环境影响潜值类别，平均占比约69%，欧洲和北美洲制备工艺的主要环境影响潜值为生态毒性潜值，平均占比约52%。由图3.11（e）可知，在单位硫酸铜制备的环境影响潜值中，澳大利亚的工艺具有最大的酸化潜值（40%）和光化学效应潜值（40%），亚洲工艺的非生物性资源耗损潜值（18%）、富营养化潜值（32%）、生态毒性潜值（23%）、全球变暖潜值（19%）、人体毒性潜值（25%）占比最大；欧洲工艺在各类别环境影响潜值中均占比最小，且总环境影响最小。

在基础铜材生产加工的全生命周期环境影响中，生态毒性和人体毒性是主要的环境影响潜值，平均约占比60%。由图3.11（f）可知，在各类环境影响潜值中，铜线生产的富营养化潜值（21%）、生态毒性潜值（57%）、人体毒性潜值（59%）、臭氧层耗损潜值（38%）最大，欧洲的铜片生产工艺的各类环境影响潜值均最小。

处理处置单位铜废料技术的生命周期环境影响中，生态毒性和人体毒性依然是最为主要的环境影响潜值类别，由图3.11（g）可知，单位铜废料焚烧的环境影响潜值主要为全球变暖、生态毒性和人体毒性，单位铜循环利用的主要环境影响潜值类别为非生物性资源耗损、富营养化、光化学效应和人体毒性。

总体上，由图3.12所示，在2018年的铜资源产品贸易中，铜矿、粗铜、精炼铜、铜化合物和铜废料的贸易均带来了全球整体环境影响的显著增加，铜材贸易几乎没有带来全球环境影响的变化。

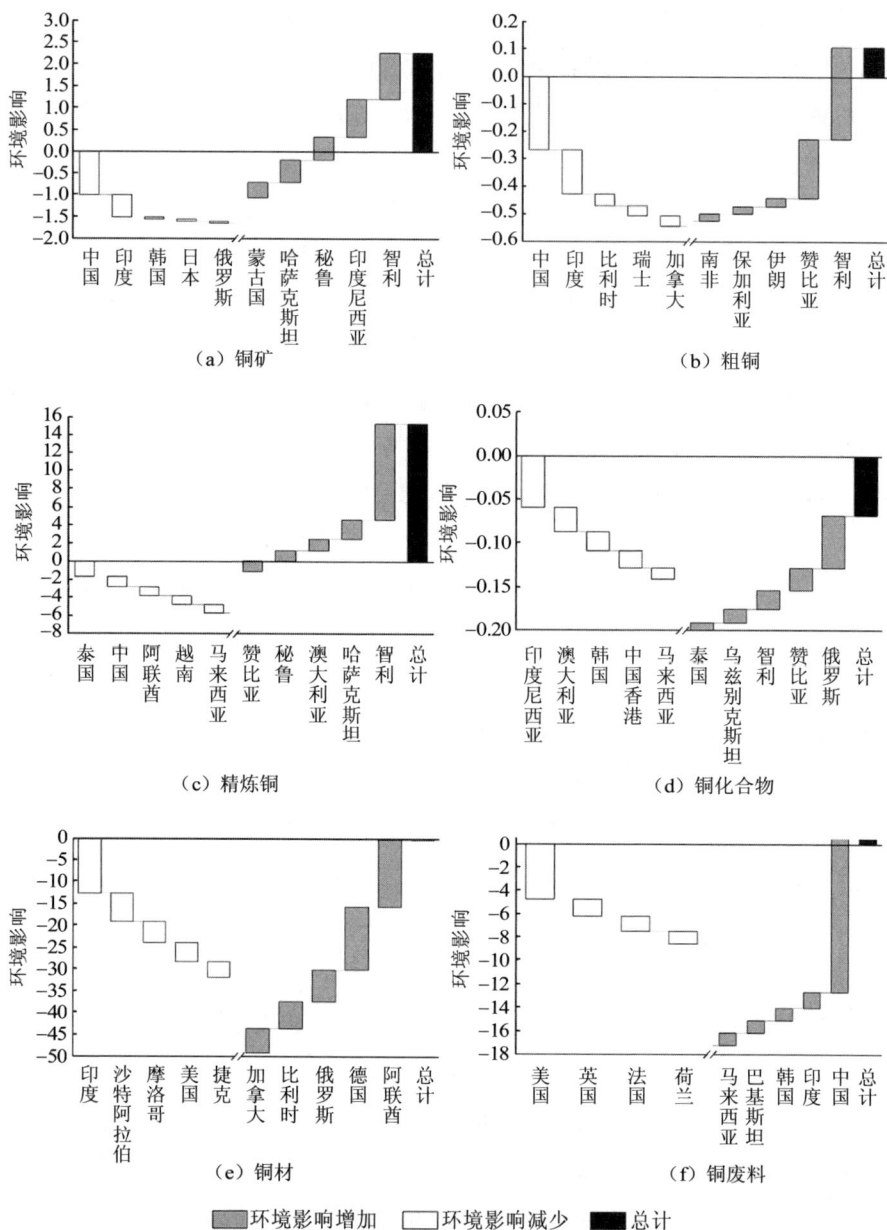

图3.12　铜资源产品主要贸易国家（地区）的环境影响变化（2018年）

　　在2018年的铜矿贸易中，由图3.12（a）可知，智利、印度尼西亚、秘鲁、哈萨克斯坦分别承担了26%、21%、13%、13%的环境影响增加，中国和印度则通过贸易获得了环境影响的减少，分别占总减少量的55%和28%。

在粗铜贸易中，由图3.12（b）可知，智利和赞比亚承担了大部分的环境影响增加，分别占45%和29%，中国和印度依然为主要的环境影响减少国家，分别占42%和25%。

在精炼铜的贸易中，由图3.12（c）可知，智利、哈萨克斯坦、澳大利亚是主要的环境影响增加国家，分别占比47%、9%、6%，泰国、中国、阿联酋、越南、马来西亚等国通过贸易带来了环境影响的减少，分别占23%、15%、14%、13%、13%。

在铜化合物的贸易中，由图3.12（d）可知，俄罗斯、赞比亚、智利等主要国家共承担了约57%的环境影响增加，印度尼西亚、澳大利亚、韩国等则享受了约43%的环境影响减少。

铜材的贸易给各国带来的环境影响变化较为分散且广泛，由图3.12（e）可知，环境影响增加量相对较大的国家为阿联酋（19%）、德国（18%）、俄罗斯（9%）等，环境影响减少量相对较大的国家有印度（16%）、沙特阿拉伯（8%）、摩洛哥（6%）、美国（6%）等。

铜废料的国际贸易中，由图3.12(f)可知,环境影响增加主要集中在中国（63%）、印度（7%）、韩国（5%）等亚洲发展中国家，而享受贸易所带来环境影响减少的国家则主要集中在美国（23%）、英国（7%）、法国（6%）、荷兰（5%）等欧美发达国家。

3.6 铝资源产品贸易的环境影响评估

3.6.1 生产工艺技术设定

（1）铝矿

在铝土矿的采选技术生命周期清单选取上,本研究综合对比 GaBi 数据库 Metal Production 子数据库中提供的全球、欧盟、北美地区的生命周期清单以及 Yi Yang 等[196]和 S.H. Farjana 等[197]的研究，形成较为完整的采选工艺生命周期清单，并对所有国家和地区统一应用。

（2）铝化合物

本研究设定氧化铝为主要的铝化合物,拟应用氧化铝制备的生命周期清单对铝化合物进行替代, 制备工艺选取国际上常用的拜耳法, 根据世界铝业协会（International Aluminium Institute，IAI）[198]所提供的2015年中国、欧盟、北美、南美、大洋洲和全球平均的氧化铝制备单一环节的物料投入与排放数据,链接上游产品即铝土矿的生产清单,形成各主要国家和地区的氧化铝制备生命周期清单。

（3）铝材

在铝材的生产技术清单选取上,本研究在前述贸易网络分析的产品分类时,将铝制零部件、容器等中间材料也归类于铝材,这些中间材料的生产加工均来源于基本铝材,包括未锻轧铝（铝锭，ingot）、铝箔（foil）、铝片（sheet）、铝型材（profile）等四类,本研究仅考虑基本铝材生产加工的物料消耗与污染物排放情况。铝材生产加工的生命周期清单数据来源为 GaBi 数据库。

（4）铝废料

铝废料处理处置工艺的选取需综合考虑各国家与地区对铝废碎料的处理与处置比例,本研究采用世界铝业网（World Aluminium）提供的各国家与地区的铝废碎料的处理处置的比例[199]（表3.7）,并根据数据可得性以及实际情况,仅考虑铝废碎料焚烧作为唯一的处置方式,根据 GaBi 数据库 Incineration 子数据库中各国废弃物中的尺寸在50 μm 以下和50 μm 以上的铝废碎料焚烧的生命周期清单, 设定两种尺寸的铝废碎料比例为1∶1。确定22个欧洲国家焚烧单位铝废碎料的生命周期清单,并将22个欧洲国家铝废碎料焚烧的平均环境影响应用于其他国家和地区,通过不同国家和地区应用的上游能源产品的环境影响差异,对除已有完整清单的欧洲国家外的其他国家和地区铝废碎料焚烧的环境影响予以区分。

表3.7　各国家与地区的铝废碎料的处理处置比例（2018年）[199]　　单位：%

国家与地区	焚烧	循环利用
中国	23.4	76.6
日本	20.0	80.0
其他亚洲国家	36.4	63.6
欧洲	21.1	78.9
中东	24.7	75.3
北美洲	30.6	69.4
南美洲	19.9	80.1
其他地区	33.0	67.0

对单位铝废碎料循环利用的生命周期清单，应用 GaBi 数据库提供的欧洲和北美洲再生铝生产清单作为欧洲、北美洲、大洋洲、南美洲的铝废碎料循环利用清单；我国再生铝的生命周期清单主要根据文献调研（Zhang Y. et al.[189]）和部分企业（包括新格有色、广西有色、惠州润泰隆等）数据综合获得，熔炼工艺统一应用双室炉熔炼技术，并将我国的再生铝生产清单应用于亚洲和非洲的生产情景。本研究仅考虑铝废碎料循环利用生产的再生铝为初级产品，不考虑铝废碎料原料的来源和杂质含量以及再生铝产品的性能和品质差异。

3.6.2 贸易的环境影响核算结果分析

基于上述数据来源和基本假设，生产单位铝资源产品或处理处置单位铝废料的不同生产环节与工艺技术在生命周期环境影响潜值的比例分布由图3.13可知。生产或处理处置单位铝资源产品的主要环境影响类别均为生态毒性。

在氧化铝制备的各类环境影响潜值中，由图3.13（a）可知，大洋洲的制备工艺的非生物性资源耗损潜值（20%）、酸化潜值（19%）、生态毒性潜值（20%）、全球变暖潜值（25%）、人体毒性潜值（19%）、光化学效应潜值（20%）均占比最高，北美洲制备工艺的富营养化潜值（37%）占比最高，欧洲制备工艺的非生物性资源耗损潜值（13%）、富营养化潜值（4%）、人体毒性潜值（13%）占比最低，北美洲制备工艺的酸化潜值（13%）、生态毒性潜值（13%）、光化学效应潜值（13%）占比最低，南美洲制备工艺的全球变暖潜值（8%）占比最低。总体上，在单位氧化铝制备的环境影响中，大洋洲工艺的总环境影响最大，欧洲工艺的总环境影响最小。铝材的生产加工主要分为铝锭、铝箔、铝片和铝型材，由图3.13（b）和3.13（c）可知，在铝锭生产加工的不同工艺技术中，中国铝锭生产工艺的非生物性资源耗损（15%）、富营养化（17%）、全球变暖（18%）、光化学效应（19%）的环境影响最大，北美洲工艺的酸化（17%）和生态毒性（17%）的环境影响最大，俄罗斯工艺的人体毒性（21%）环境影响最大；单位铝箔、铝片、铝型材生产加工的各类别环境影响潜值中，占比最大的分别为：德国铝型材加工工艺的非生物性资源耗损潜值（15%）、酸化潜值（18%）、富营养化潜值（19%）、全球变暖潜值（16%）、光化学效应潜值（22%），乌克兰铝片加工工艺的生态毒性潜值（12%）、人体毒性潜值（24%），以及中国铝片加工工艺的全球变暖潜值（16%）。

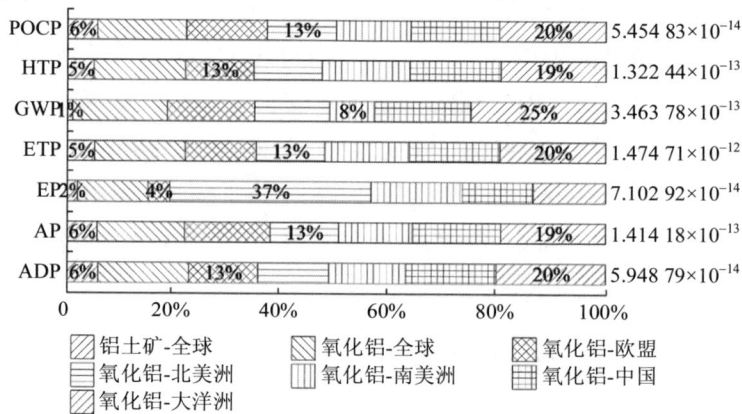

（a）铝矿与铝化合物

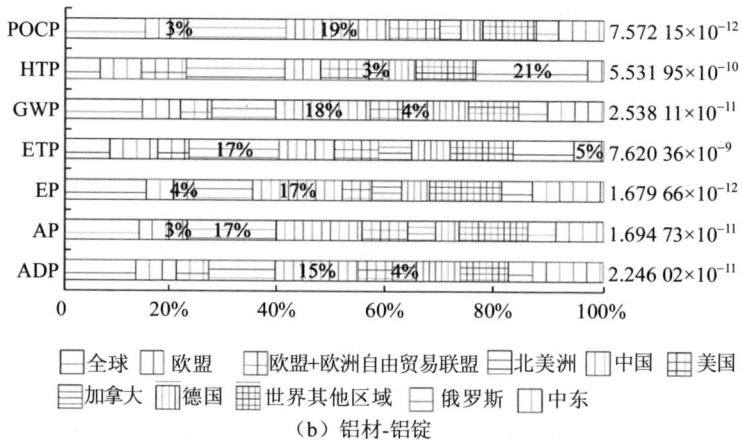

（b）铝材-铝锭

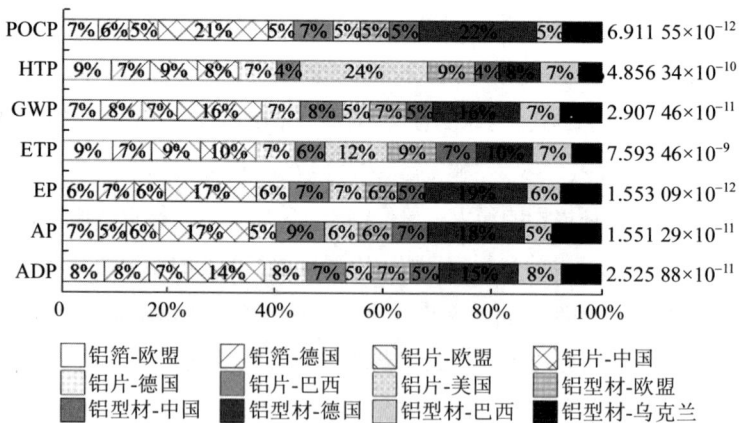

（c）铝材-铝箔/铝片/铝型材

战略性金属资源国际贸易的全球环境影响及公平性评估

POCP 2% 11% 26% 61% $9.452\,36\times10^{-14}$
HTP 2% 84% 13% $8.092\,15\times10^{-13}$
GWP 4% 22% 43% 32% $3.316\,46\times10^{-13}$
ETP 95% 4% $4.910\,41\times10^{-11}$
EP 6% 20% 32% 42% $1.873\,44\times10^{-14}$
AP 3% 14% 43% 40% $1.187\,88\times10^{-13}$
ADP 3% 20% 40% 37% $4.469\,24\times10^{-13}$

0　　20%　　40%　　60%　　80%　　100%

焚烧-全球　　循环利用-欧盟+欧洲自由贸易联盟
循环利用-中国　　循环利用-北美洲

（d）铝废料-处理处置

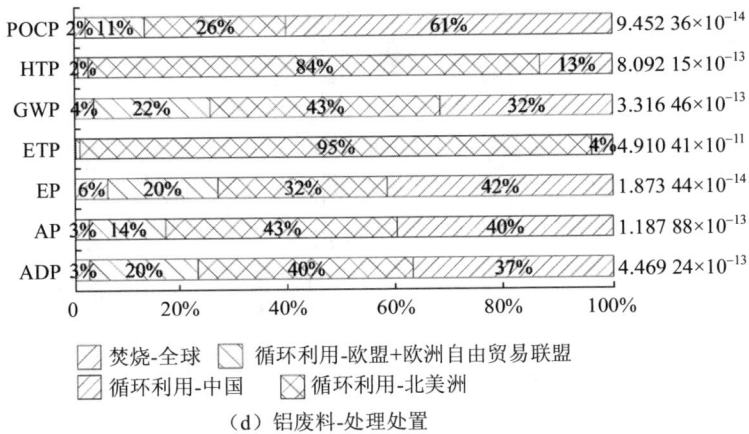

图3.13　铝资源产品生命周期环境影响比例分布

铝废料的处理处置技术包括焚烧和循环利用，由图3.13（d）可知，焚烧带来的各类别环境影响均小于循环利用技术。在循环利用技术中，欧洲再生铝技术的各类环境影响潜值占比最小，总环境影响最小；北美洲再生铝技术的非生物性资源耗损（40%）、酸化（43%）、生态毒性（95%）、全球变暖潜值（43%）、人体毒性（84%）的环境影响最大；中国再生铝技术的富营养化（42%）和光化学效应（61%）的环境影响最大。

总体上，如图3.14所示，2018年的铝矿和铝材贸易带来了全球环境影响的显著增加，铝化合物和铝废料的贸易则带来了全球环境影响的显著降低。在铝矿贸易中，环境影响增加主要由原料国承担，其中，几内亚、澳大利亚、印度尼西亚、巴西等占比分别为41%、30%、8%、8%，环境影响的减少主要集中在中国，占比75%；在铝化合物贸易中，85%的环境影响增加分布在巴西、哈萨克斯坦、乌克兰、印度尼西亚、越南等国，环境影响的减少则主要集中在俄罗斯（32%）和阿联酋（22%）等国；铜材贸易带给各国的环境影响较为分散，环境影响增加量较大的国家为俄罗斯（20%）、中国（20%）、澳大利亚（11%），环境影响减少量较大的国家包括美国（18%）、日本（10%）、荷兰（9%）等；铝废料的贸易中，主要由印度、马来西亚、中国等亚洲发展中国家承担环境影响的增加，占比分别为59%、10%、8%，而贸易带来的环境影响减少则主要由美国、加拿大、澳大利亚等发达国家分享，分别占比32%、15%、9%。

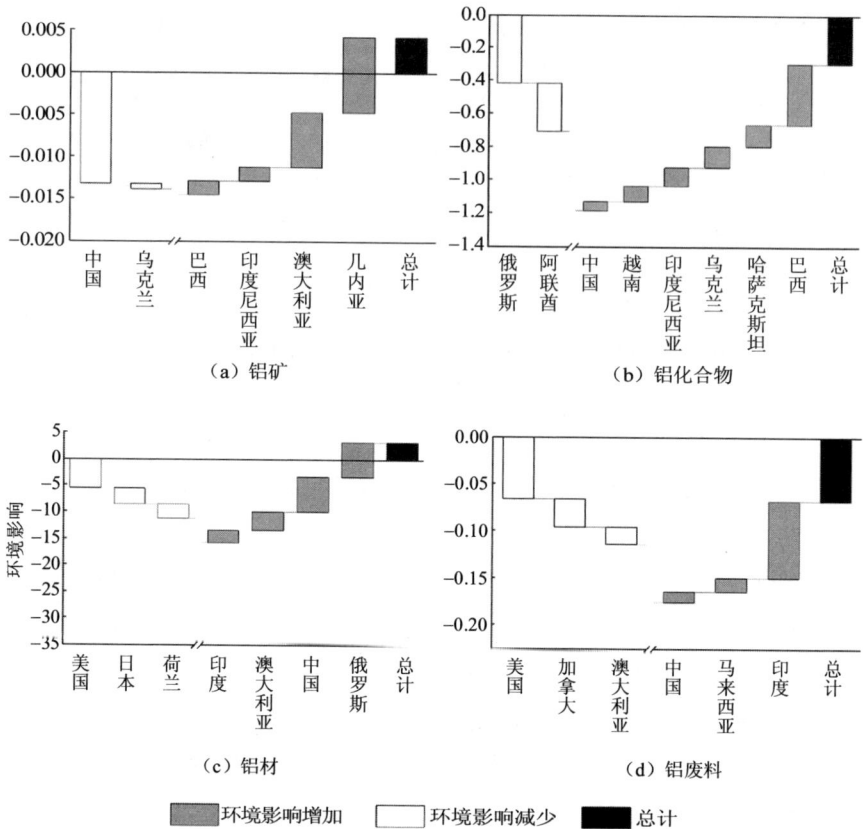

图3.14 铝资源产品主要贸易国家（地区）的环境影响变化（2018年）

3.7 小结

本章根据主要国家和地区四种战略性金属资源产品生产工艺技术和能源消耗水平，形成了产品生产与废料处理处置生命周期清单，识别了各产品、各工艺的主要环境影响类别，核算了各产品国际贸易对全球及各国带来的环境影响变化情况，得到的主要结论如下：

（1）不同类型金属资源产品生产加工的环境影响类别差异较大，全球变暖的环境影响占比相对较低，这说明，仅应用碳排放或温室气体排放作为贸易环境影响进行判断会使得其他环境影响类别被忽略，带来较大偏差，应从多环境要素的角度予

战略性金属资源国际贸易的全球环境影响及公平性评估

以综合分析。在各国制定与金属资源产品贸易相关的碳减排政策时，应充分考虑金属资源产品生产加工的环境影响特性及各产品的差异性，针对主要的环境影响类别，实施相应的技术革新与政策规划。

（2）由于贸易规模、生产加工工艺技术水平、能源消耗水平的国别差异，不同金属资源产品国际贸易对全球及各国的环境影响不尽相同。总体上，本研究所涉及的15种产品国际贸易带来了全球环境影响的净增加，其中79%的环境影响增加来源于原材料产品，主要体现在稀土化合物、锂化合物、铝矿、铜原材料产品的国际贸易中，且主要由原料国承担，包括中国、美国、缅甸、加拿大、智利、澳大利亚、几内亚、印度尼西亚等；中下游高附加值产品的国际贸易带来的环境影响增加量占总增加量的19%，主要体现在稀土材料和铝材的贸易中，由生产加工国承担，如中国、马来西亚、韩国、澳大利亚、俄罗斯、德国等；金属废料的国际贸易仅贡献了2%的环境影响增加，主要体现在铜废料的贸易中，由中国、越南、韩国等亚洲国家承担。

然而，在产业链各环节的产品中，加工程度较高的中下游产品往往具有更高的附加值，在国际贸易中却相较于价格较低的原材料产品产生了更小的环境影响。对于原材料生产国而言，一方面，低附加值导致的定价相对较低导致了金属原材料产品的大量出口，威胁到本国的资源安全与保障，另一方面，大量出口的金属原材料产品在本国生产造成的环境影响，威胁到本国的环境安全与健康保障。因此，各国尤其是原材料生产国，制定战略性金属资源产品的出口政策时，应对原材料产品实施更为严格的出口管制政策，通过提高关税、出口定价以及发放许可证等政策手段控制原材料的出口规模，从而对本国的资源与环境安全予以保障。

第4章
贸易环境隐含流的网络分析及关键特征

　　本章将根据上一章核算得到的各国战略性金属资源产品国际贸易的多环境要素全生命周期的环境影响，形成贸易的环境隐含流，构建环境隐含流网络，并将复杂网络分析方法引入环境隐含流网络分析中。根据分析主要特征量所体现的复杂网络结构特性的本质，定义贸易的环境隐含流网络中各特征量的含义，并据此筛选对贸易不公平性具有显著影响的关键产品清单和节点国家清单。

4.1　贸易的环境隐含流网络的构建

4.1.1　复杂网络分析方法的国内外研究进展

　　对"网络"的研究起源于数学中最为著名的"七桥问题"，并逐渐发展为数学的一个重要分支——图论[200-202]。随着对互联网、社会网络、生物网络等实证研究的不断深入，研究者从多学科角度对复杂网络的特性和基本理论进行了持续的探索与完善[201]。Watts 和 Strogatz[203]提出了"小世界网络"的概念，并指出复杂网络具有"小世界特征"；Barabási 和 Albert[204,205]指出较多大型复杂网络所具有的无标度特性，服从幂律分布。基于这两大理论，Albert 和 Barabási[206]定义了主要复杂网络模型的拓扑和动态统计性结构，并由 Newman[201]基于对已有数学理论及复杂网络基本特性理论的综述，定义了复杂网络分析的基本概念、网络拓扑基本模型、统计性质等。

　　复杂网络的研究形成了两个主要方向，一个是对复杂网络的基础研究，包括基本特性以及各种统计性质的算法等进行深入研究；另一个是对复杂网络分析方法在各个学科领域的应用研究，包括信息科学、生物科学、社会科学等领域。

　　在对复杂网络的基础研究中，一些研究学者[207-210]在原有的无权无向网络中引入了边的权重和方向，并对有权有向网络的统计特性进行重新定义。近年来，随着对研究现实问题中网络复合现象认识的增加，对复杂网络的分析由单个网络逐渐向多层网络拓展[211]，并提出了多层网络的定义、理论模型、拓扑性质等基本理论[212,213]。一部分研究者对复杂网络的统计特性的算法进行深入的研究，如在对中心性的研究中，在早期 Sabidussi[214]提出的中心性指数、Freeman[215,216]提出的介数中心性算法、Hage[217]提出的特征向量中心性，以及 Batagelj[218]提出的社会网络的中心性核算方法的基础上，Brandes[219]对介数中心性的算法进行了核算速度上的改进，Perra 和 Fortunato[220]对三种反馈型中心性的算法进行了对比分析，Parand 等[221]结合模糊数学理论改进了特征向量中心性的算法等。此外，对网络聚类系数[222]、模块度[223-226]算法及改进的研究也较多。

在复杂网络分析理论的应用方面，国内外研究者将这一研究方法应用于较多的学科领域，其中，在国际贸易中的应用以其所揭示的国际贸易格局与特性等资源和经济战略性意义而备受关注。Serrano 和 Boguñá[227]指出贸易网络是典型的复杂网络，具有复杂网络的基本拓扑性质和特征。基于这一认知，国内外研究者对多种产品（如天然气[228-233]、原油[234-241]、煤炭[242,243]等能源产品，铁[244-247]、铜[248-252]、铝[253]、锂[254-257]、铅[258]、镍[259]、黄金[260]、铀[261]、稀土[262-266]等金属资源等）的贸易网络，应用复杂网络分析的算法与理论，对其贸易网络格局及演变规律[266-270]、影响因素[237,252,271]、传播机制及预测[272-274]等进行了多角度的分析与研究。

对金属资源贸易网络分析的研究，大多数来自我国的研究者，主要从单一产品的贸易网络格局与经济规律的角度进行分析。与本研究所涉及的金属元素产品的贸易网络分析相关的研究主要体现在稀土金属[262,263]、稀土永磁材料[264]、锂矿产品[254,255,275]、铜矿石[248-250]、铝土矿[253]等贸易网络分析中，所涵盖的产品类别大部分集中在原材料产品，尤其是矿石产品，对产业链中下游高附加值产品的讨论相对较少。

一些研究将复杂网络分析方法应用到了国际贸易环境隐含流的研究中，但研究主要集中在国家宏观产业层面，对微观产品级贸易环境隐含流的网络分析几乎没有[242,269]。Carlos 等[276]通过复杂网络分析方法和三阶段最小二乘法等统计方法，分析了国际贸易网络对环境带来的规模效应、技术效应和组合效应等直接影响，以及外部性、临界性等间接影响；Chen 等[277]对由环境拓展的投入产出模型（EEIO）核算得到的国际贸易能源隐含流网络，应用复杂网络分析方法分析其全球属性、区域结构，以及国家能源安全与重要性；Shi 等[278]将投入产出模型与复杂网络分析结合，分析了1995—2009年全球各行业贸易能源隐含流的动态演化特征和行业分布特性，识别了全球各行业贸易网络中的关键能源隐含流、关键行业部门以及关键贸易集团。

已有研究中所应用的特征量主要体现了贸易的资源流及现金流的网络结构特征和规律，对贸易环境隐含流网络分析各特征量所代表的含义及其政策意义的分析较为少见[279]。例如，通过节点度和强度等直接特征量来表征节点国家的金属原料或产品的贸易网络规模和贸易关系，通过平均路径长度、网络密度和平均聚类系数等"小世界"效应特征量来表征国家之间贸易效率和紧密程度，通过中心性这一间接特征量体现节点国家在贸易网络中的重要性，包括紧密度中心性、中介中心性、特征向量中心性、调和中心性等。

4.1.2 研究方法与基本假设

与已有研究中直接将产品出口国或废料进口国①的生产或处理处置环境影响作为环境隐含流的核算方法不同，本章综合考虑了产品进口国与废料出口国的生产与处理处置环境影响情况，定义了战略性金属资源产品国际贸易中实际产生的环境影响转移与环境隐含流，并基于第3章的生命周期环境影响评估结果，核算并分析贸易的环境隐含流。

由于技术差异，对出口国和进口国而言生产单位产品的环境影响有所差异，具体的可能情景以及环境隐含流的情况如图4.1所示。

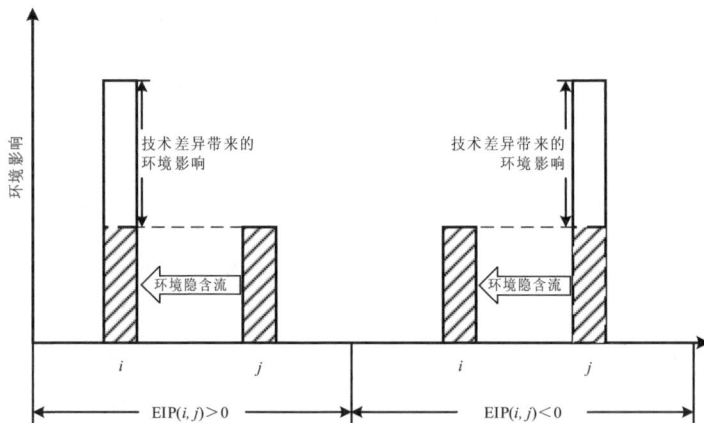

图4.1 金属产品贸易的环境隐含流示意图

---

① 为方便表达，本书提到的"进口国""出口国"均代指"进口国家或地区""出口国家或地区"。

战略性金属资源国际贸易的全球环境影响及公平性评估

若 EIP(i, j)>0 ，说明贸易带来了整个系统环境影响的增加，而增加的这部分环境影响是由于出口国 i 应用了环境影响更大的工艺技术导致，环境隐含流的方向为进口国 j→出口国 i，大小为进口国 j 生产单位该产品的环境影响 ε_{xj}；若 EIP(i, j)<0，说明贸易使整个系统的环境影响减小，减小部分是由于出口国 i 选取了环境影响更小的工艺技术导致，环境隐含流的方向为进口国 j→出口国 i，大小为出口国 i 生产单位该产品的环境影响 ε_{xi}。

类似地，在金属废碎料的贸易关系 $r(i, j)$ 中，金属废碎料贸易带来的环境影响变化及环境隐含流的流向和大小如图4.2所示。环境隐含流方向为出口国 i→进口国 j，隐含流的大小取值为出口国 i 和进口国 j 处理处置单位金属废碎料环境影响的较小值。

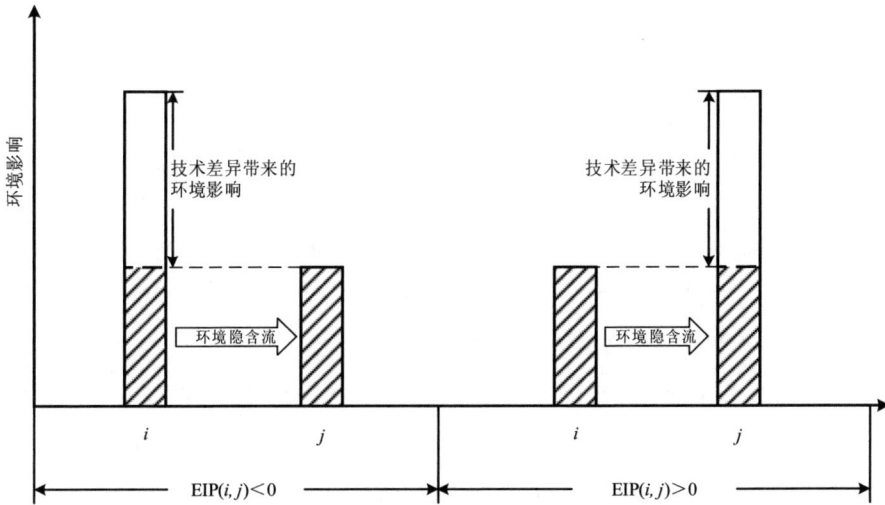

图4.2　金属废碎料贸易的环境隐含流示意图

基于上述对贸易环境隐含流的定义，根据复杂网络分析方法，构建贸易的环境隐含流网络如下：

复杂网络的基本组成单元为节点（Vertex）和边（Edge），节点之间的边可分为无向边和有向边，根据网络中的边是否被赋予权重（Weight）分为无权网络和有权网络。在战略性金属资源产品贸易的环境隐含流网络中，节点为国家，边为各国之间的环境影响转移关系，若将环境影响视为贸易产品，则环境影响的流入为进口，环境影响的流出为出口。设定第 t 年有向无权贸易网络 $C_u(t)$ 中，节点国家数量为 v，节点国家间有向边的数量为 e，其邻接矩阵可表示为：

$$C_u(t) = \begin{bmatrix} r(1,1) & \cdots & r(1,j) \\ \vdots & \ddots & \vdots \\ r(i,1) & \cdots & r(i,j) \end{bmatrix}, i,j \in [1,v] \qquad (4-1)$$

式中，$r(i,j)$ 为节点 i 指向节点 j 的有向边，即节点国家 i 向节点国家 j 的出口关系。若节点 i 与节点 j 相连，则 $r(i,j) = 1$；反之，$r(i,j) = 0$。

当赋予各边以权重，即各节点国家间的贸易环境隐含流，形成第 t 年有向有权贸易网络 $C_w(t)$，其邻接矩阵可表示为：

$$C_w(t) = \begin{bmatrix} w(1,1) & \cdots & w(1,j) \\ \vdots & \ddots & \vdots \\ w(i,1) & \cdots & w(i,j) \end{bmatrix}, i,j \in [1,v] \qquad (4-2)$$

式中，$w(i,j)$ 为节点 i 指向节点 j 的有向边的权重，即节点国家 i 向节点国家 j 的出口伴随 $w(i,j)$ 的环境影响转移。

本研究通过结合对复杂网络分析常用特征量对网络特性的描述与含义，分析其在贸易的环境隐含流网络中的含义及对贸易环境不公平性的影响，通过"小世界效应"特征量筛选关键产品清单，通过直接特征量和间接特征量筛选关键节点国家清单。具体而言，对各特征量的定义与含义分析如下。

（1）"小世界效应"特征量

现实中的复杂网络往往存在"小世界效应"，主要通过平均路径长度、聚类系数、网络密度等特征量体现[203]，反映了复杂网络的整体结构特征。在各产品贸易的环境隐含流网络中，这类特征量反映了网络的稳定性，网络的稳定性越高，表明网络中各节点国家改变其贸易环境影响变化的难度越大，对贸易环境不公平性的影响越小。因此，可以通过对"小世界效应"特征量的分析判断筛选对贸易环境不公平性影响较大的关键产品清单。本研究所应用的"小世界效应"特征量的定义及表达式如下：

平均路径长度，又称特征路径长度，是指复杂网络中任意两节点之间距离的平均值，网络中两节点之间的距离定义为连接两个节点最短路径所经过的边数[200]。复杂网络的平均路径长度反映了网络中节点之间的距离，也表明了复杂网络的尺寸[201]。在贸易的环境隐含流网络中，平均路径长度越大，网络稳定性越强。

在有向贸易网络 $C_u(t)$ 中，节点国家 i 与 j 之间的距离为 d_{ij}，则该网络的平均

路径长度 APL 可表示为[201]：

$$APL = \frac{2}{v(v+1)}\sum_{i>j}d_{ij}$$ （4-3）

聚类系数体现了复杂网络的聚集特性，定义聚类系数为与一个节点相连的节点之间实际存在的边数与最多可能存在边数的比值。聚类系数越大，则节点与邻近节点之间的紧密程度越高，网络的稳定性越高。

在无权贸易网络 $C_u(t)$ 中，与节点国家 i 有战略性金属资源产品贸易往来关系的国家有 k_i 个，这 k_i 个国家间实际存在的边数为 e_i，则节点国家 i 的局部聚类系数 c_i 可表示为：

$$c_i = \frac{2e_i}{k_i(k_i-1)}$$ （4-4）

贸易环境隐含流网络 $C_u(t)$ 的全局聚类系数 C 可以表示为

$$C = \frac{1}{v}\sum_{i=1}^{v}c_i$$ （4-5）

且满足，$0 \leq C \leq 1$。

网络密度体现了复杂网络各节点之间的紧密程度，即节点间实际存在的边数除以最多可能存在的边数[244]。网络密度越大，稳定性越强。

在无权贸易网络 $C_u(t)$ 中，网络密度可表示为[280]：

$$D = \frac{2e}{v(v-1)}$$ （4-6）

（2）直接特征量

在复杂网络分析中，常通过度、强度等直接特征量反映网络各节点之间的关系。贸易环境隐含流网络中，这类特征量直接体现了各节点国家的环境影响变化与转移情况，其值越大，表明该国对贸易环境不公平性的影响作用越大。

节点度描述的是无权网络中与各节点相连的边的数量。在有向无权贸易网络中，节点度是指与节点国家有贸易关系的国家数量，分为入度和出度。

在有向无权贸易网络 $C_u(t)$ 中，与节点国家 i 有战略性金属资源产品贸易往来关系的国家有 k_i 个，其中，有环境影响进口关系的国家有 k_{imp}^i 个，有出口关系的国家有 k_{exp}^i 个。则节点国家 i 的入度为 k_{imp}^i，出度为 k_{exp}^i。

节点国家 i 的入度可以表示为：

$$k_{imp}^i = \sum_{j=1}^{v} r(j,i) \qquad (4\text{-}7)$$

节点国家 i 的出度可以表示为：

$$k_{exp}^i = \sum_{j=1}^{v} r(i,j) \qquad (4\text{-}8)$$

且满足：

$$k_i = k_{imp}^i + k_{exp}^i \qquad (4\text{-}9)$$

整个贸易网络的平均入度 K_{imp}、平均出度 K_{exp} 和平均度 K 之间的关系可表示为

$$K = K_{imp} = K_{exp} \qquad (4\text{-}10)$$

$$K = \frac{1}{2v} \sum_{i=1}^{v} k_i \qquad (4\text{-}11)$$

$$K_{imp} = \frac{1}{v} \sum_{i=1}^{v} k_{imp}^i \qquad (4\text{-}12)$$

$$K_{exp} = \frac{1}{v} \sum_{i=1}^{v} k_{exp}^i \qquad (4\text{-}13)$$

节点强度亦作加权节点度，即指与节点相连边的权重总和。在有向有权贸易网络 $C_w(t)$ 中，节点强度 s_i 为节点国家 i 的总贸易环境影响，可表示为[207]：

$$s_i = \sum_{j=1}^{v} r(i,j) \times w(i,j) \qquad (4\text{-}14)$$

平均加权入度、平均加权出度以及平均加权度之间的关系与节点度相同，不予赘述。

（3）间接特征量

除了上述直接特征量外，在复杂网络分析中，常应用中心性等间接特征量对各节点国家的重要性予以表征[216,218,281]。中心性亦作中心度，主要包括度中心性、接近度中心性、介数中心性、特征向量中心性等衡量中心性的方法[218]。本研究根据贸易环境隐含流网络的特征，选取介数中心性和特征向量中心性作为间接特征量进行分析，具体而言：

①介数中心性（Betweeness Centrality），亦作中间中心度，定义为在一个复杂网络中经过某一节点的所有最短路径的数量与该网络中所有节点间最短路径数量

的比值之和[215,216,218,281]，用于体现网络中节点的连接作用，识别关键节点及脆弱点[282]。在国际贸易的环境隐含流网络分析中，介数中心性体现了一个国家作为贸易中转国的环境影响转移控制能力，排名越靠前，说明节点国家在国际贸易的环境影响转移过程中处于关键地位，起到了贸易枢纽作用[250]，亦即对环境公平性的影响越大。

在无权贸易网络 $C_u(t)$ 中，定义 $n(i,j)$ 为节点 i 与节点 j 之间最短路径的数量，$n(i,j;k)$ 为节点 i 与节点 j 之间经过节点 k 的最短路径的数量，则介数中心性可表示为：

$$BC = \sum_{i \neq j \neq k \in (1,v)} \frac{n(i,j;k)}{n(i,j)} \qquad (4-15)$$

②特征向量中心性（Eigenvector Centrality），是通过相连节点的重要性来判定节点重要性的方法[220]，可以间接反映节点的重要程度。在国际贸易的环境隐含流网络中，特征向量中心性体现相连国家对环境隐含流网络的影响，其排名越靠前，表明该国对环境不公平性的影响越大。

在无权贸易网络 $C_u(t)$ 中，特征向量中心性的算法为首先设定每一个节点的初始值为1，在赋值每个节点的度为相邻节点的度后，归一化处理使得各节点最大值为1，多次迭代上述过程，直至收敛至稳定值，即为各节点的特征向量中心性[221,283]。若节点 i 与节点 j 相连，则存在常数 λ，使得节点 i 的特征向量中心性得分可表示为[221]：

$$EC(j) = \frac{1}{\lambda} \sum_{i \in (1,v)} EC(i) \qquad (4-16)$$

设定迭代次数为100次，即均可实现收敛。

在本研究中，基于上述复杂网络分析基本模型的金属资源产品贸易环境隐含流网络分析通过 Gephi 0.9.2实现。

4.2 稀土资源产品国际贸易的环境隐含流网络分析

4.2.1 "小世界效应"特征量结果分析

对2018年稀土资源产品国际贸易环境隐含流网络的"小世界效应"特征量进行分析，如图4.3所示。

由图4.3可知，在稀土资源产品贸易的环境隐含流网络中，网络密度和平均聚类系数均呈现稀土材料＞稀土化合物＞稀土金属及合金的规律，平均路径长度呈现稀土金属及合金＞稀土化合物＞稀土材料的情况。这表明稀土材料贸易环境隐含流网络的稳定性高于稀土化合物、稀土金属及合金，在稀土化合物、稀土金属及合金的贸易网络中，当贸易规模、工艺技术、能源消耗水平等因素发生变动时，全球环境不公平性将发生较大的变化。因此，影响贸易环境不公平性的关键产品为稀土化合物、稀土金属及合金。

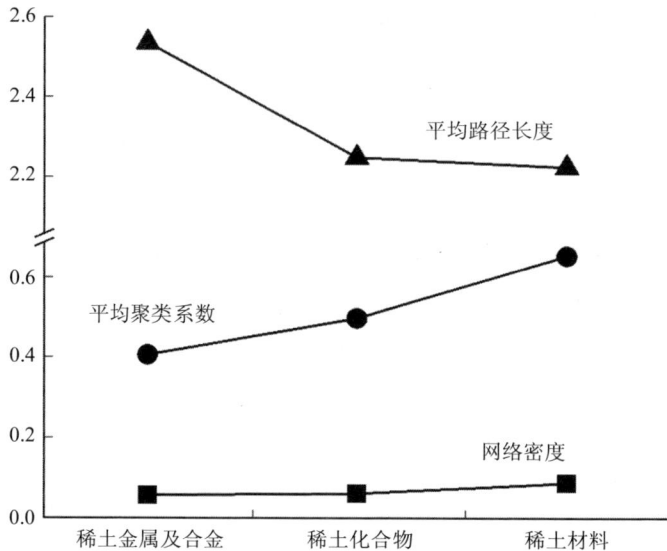

图4.3　稀土资源产品贸易环境隐含流网络"小世界效应"特征量

4.2.2　度分布结果分析

对稀土资源产品贸易的环境隐含流网络度与强度在各国的分布及关系如图4.4至图4.8所示。设定在环境隐含流网络图中，节点大小和有向边的数量表示度的大小，体现节点国家发生环境影响转移关系数量的多少；节点颜色深浅表示加权入度的大小，反映节点国家由于国际贸易带来的输入性环境影响大小，若将环境影响视为产品，则节点颜色越深，代表该节点国家的贸易环境影响进口量越大；有向边的粗细和深浅代表其权重的大小，反映了节点国家之间的环境隐含流大小。

在2018年稀土金属及合金的贸易环境隐含流网络中，如图4.4所示，德国是环境影响转移关系数量最多的国家，且具有最多的环境影响进口与环境影响出口的关系数量；中国是环境影响进口量最大的国家，占贸易带来环境影响进口总量的96%，其中，如图4.5所示，日本、荷兰、意大利、西班牙、印度、美国、加拿大、德国、巴西等国是环境影响的主要来源国家，日本的占比最高，占56%。

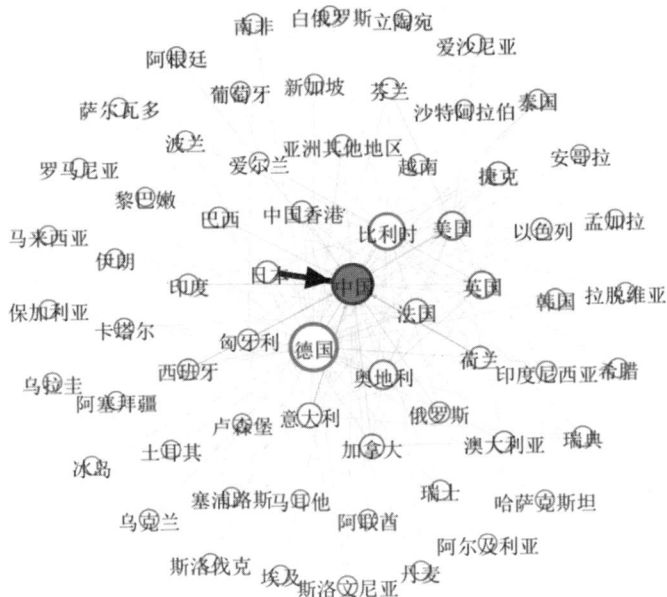

图4.4　稀土金属及合金贸易环境隐含流网络（2018年）

注：根据"cut-off"原则，仅选取节点国家环境影响前95%且占比不低于1%的国家予以部分展示，下同。

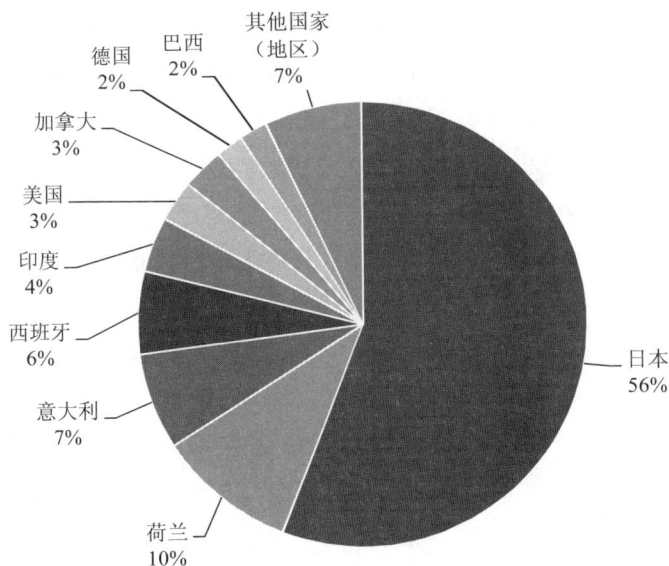

图4.5　中国的稀土金属及合金贸易环境影响来源分布（2018年）

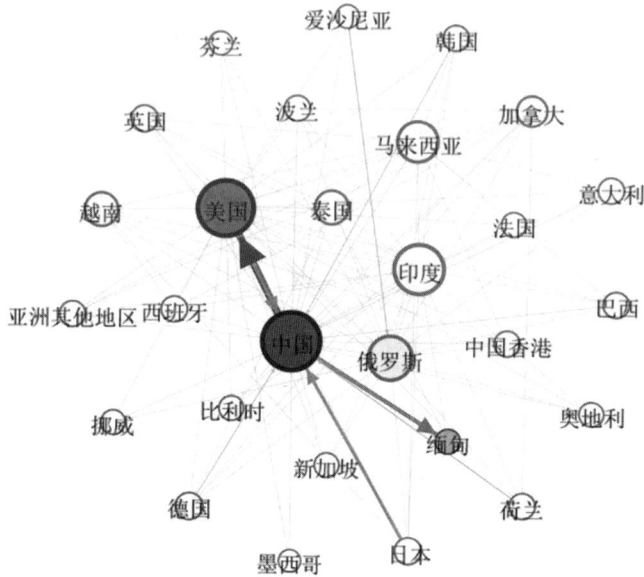

图4.6 稀土化合物贸易环境隐含流网络（2018年）

在稀土化合物的贸易中，如日本等没有稀土矿资源分布的国家或地区，本国（地区）并不生产稀土氧化物，而作为中转国家（地区）将进口的或储备的稀土氧化物出口至其他国家（地区）。因此，其稀土氧化物的出口贸易并不伴随有环境影响的流动，但其从稀土氧化物生产国的进口贸易流带来的环境影响，此处进行特殊定义，设定出口国环境隐含流的大小为在本国生产稀土氧化物的全生命周期环境影响，形成的环境隐含流网络如图4.6所示。中国是环境影响转移关系数量、环境影响进口量，以及环境影响出口量最大的国家，环境隐含流的分布情况如图4.7所示。可知中国稀土化合物的贸易中，环境影响的来源国家主要为美国和日本，分别占34%和32%，环境影响的主要出口国家为美国和缅甸，分别占比61%和36%。

战略性金属资源国际贸易的全球环境影响及公平性评估

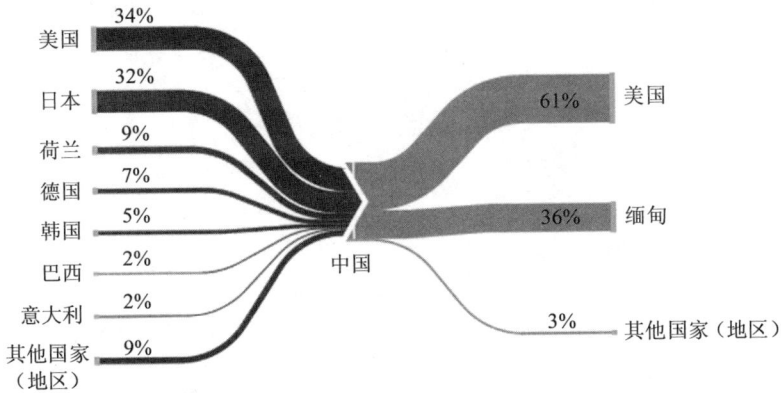

图4.7　中国稀土化合物贸易主要环境隐含流的分布（2018年）

总体上，环境影响的出口量大于环境影响的进口量，这与3.3节中所得到的结论相符，即中国在稀土化合物的国际贸易中出现了环境影响减少，而这一情况主要由中国在稀土化合物冶炼分离的技术垄断导致。长期以来，中国稀土在国际上具有资源垄断和技术垄断的双重优势地位。而自2014年我国稀土案败诉以来，一方面，国内通过《稀土行业发展规划（2016—2020）》等政策从源头上限制国内稀土矿的开采，进而降低稀土原材料产品的出口。根据我国海关数据显示[①]，2018年我国稀土金属矿的出口量为0。另一方面，以美国、澳大利亚为首的发达国家为降低对中国稀土资源的依赖，分别对本国的稀土矿进行开采，并出口至中国、马来西亚等亚洲发展中国家进行分离冶炼。与此同时，由于国内产能的收紧，一些企业转向缅甸进行稀土矿的开采。这一系列的国际稀土产业变局直接导致了稀土化合物贸易环境隐含流网络发生了巨大变动。经计算，在2009年稀土化合物贸易中，94%的环境影响增加来自中国，90%的环境影响减少来自美国；而在2018年，中国稀土资源的垄断地位被打破，由10年前的环境影响净进口国转变为净出口国，美国则由净出口国转变为净进口国。而随着国际上对轻稀土分离冶炼技术壁垒的突破，未来稀土化合物贸易的布局将会出现较大的变动，贸易所带来的环境影响转移以及环境不公平性也将出现重大变化。

在稀土材料的贸易环境隐含流网络中，如图4.8所示，中国是环境影响转移关系数量最多及环境影响进口量最大的国家，美国是环境影响出口量最大的国家。在

[①] 海关统计数据在线平台：http://43.248.49.97/。

中国的环境影响来源国中,美国、越南、印度等国是主要国家,分别占比46%、19%、15%(图4.9)。

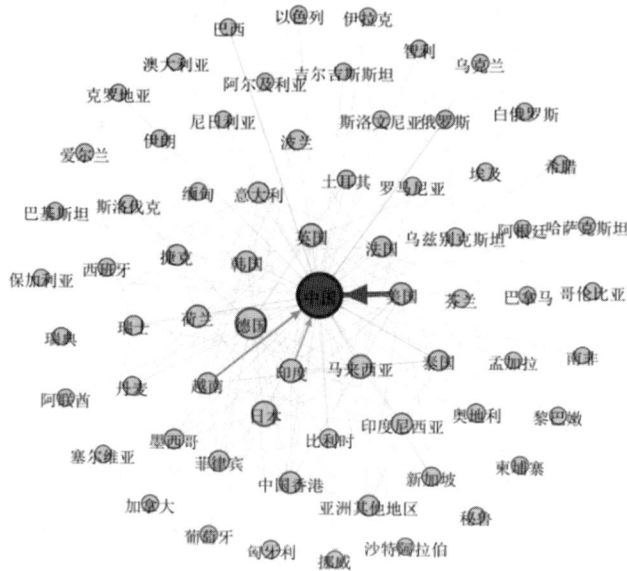

图4.8　稀土材料贸易环境隐含流网络(2018年)

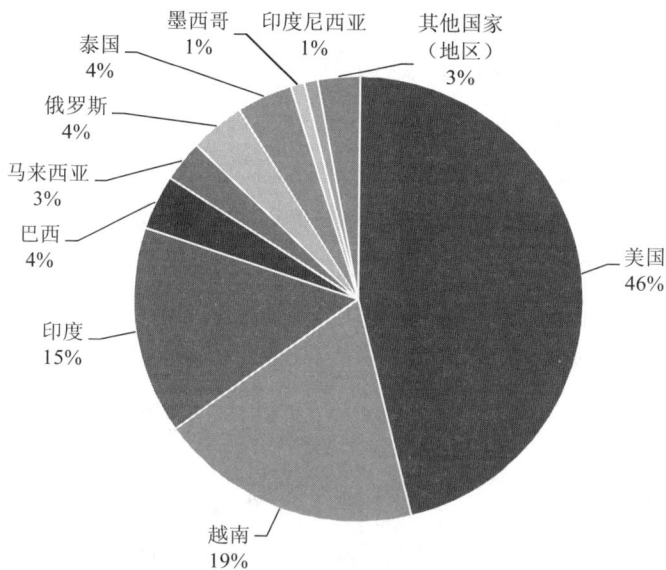

图4.9　中国的稀土材料贸易环境影响来源分布(2018年)

4.2.3 中心性结果分析

结合稀土资源产品贸易环境隐含流网络的度分布分析结果，选取度、介数中心性、特征向量中心性排名前十名的所有国家，其中心性的排名情况如图4.10所示。

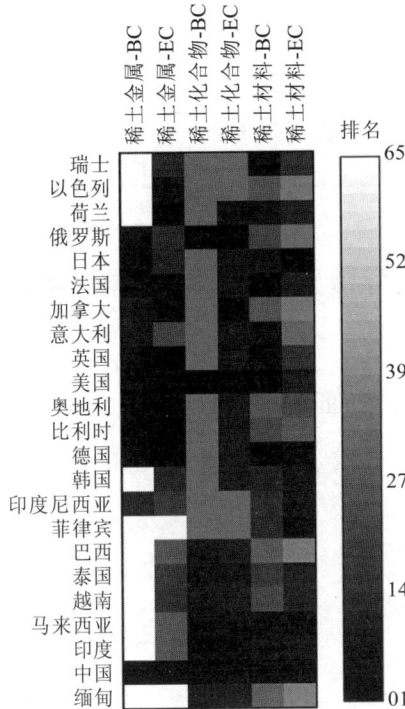

图4.10 稀土资源产品贸易环境隐含流网络中心性分析结果（2018年）

根据前述对环境隐含流网络中心性的含义分析可知，介数中心性和特征向量中心性越大，该节点国家（地区）对贸易环境不公平性的影响越大。因此，选取上述节点国家（地区）中两种中心性排名均位于前十名的国家（地区），可以得到改善稀土资源产品贸易环境不公平性的关键节点国家清单，如表4.1所示。分析可知，中国是影响所有类别稀土资源产品贸易环境不公平性的关键节点国家，对其他国家（地区）带来资源与环境的"双重制约"。因此，我国在制定稀土资源产品贸易政策时，需将环境因素纳入考虑范畴，一方面，减少经由"发达国家（地区）→中国→缅甸"贸易链条所带来的环境不公平性转移；另一方面，应转变作为发达国家（地区）稀土原材料产品加工厂的国际角色，转而生产产业链中下游的高附加值产品。

表4.1 影响稀土资源产品贸易环境不公平性的关键节点国家（地区）清单

国家（地区）类型	稀土金属及合金	稀土化合物	稀土材料
最不发达国家（地区）		缅甸	
发展中国家	中国	中国、印度、马来西亚、越南、泰国、巴西	中国、印度、马来西亚
发达国家	德国、比利时、奥地利、英国、美国、法国、加拿大	美国、俄罗斯	德国

4.3 锂资源产品国际贸易的环境隐含流网络分析

4.3.1 "小世界效应"特征量结果分析

对2018年锂资源产品贸易的环境隐含流网络"小世界效应"特征量进行分析，如图4.11所示。

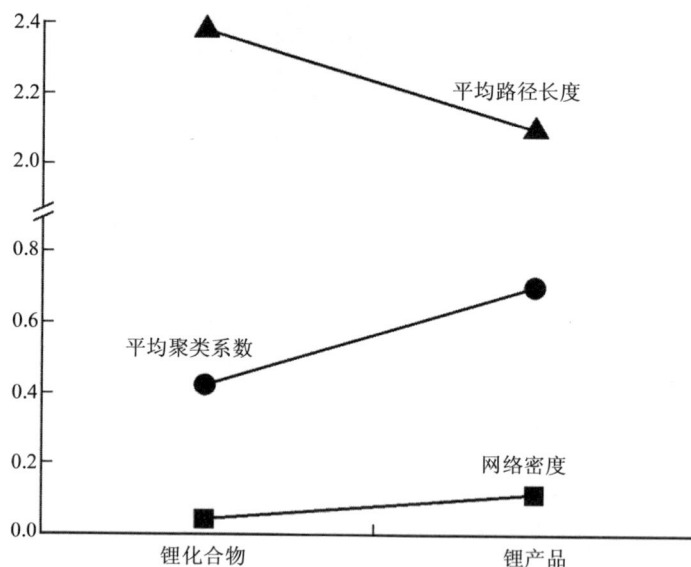

图4.11 锂资源产品贸易环境隐含流网络"小世界效应"特征量

由图4.11可知，锂产品的网络密度和平均聚类系数均大于锂化合物，且平均路径长度小于锂化合物。这说明，锂产品的贸易环境隐含流网络稳定性高于锂化合物，其网络变动对环境不公平性的影响较小。因此，锂化合物是影响贸易环境不公平性的关键产品。

4.3.2　度分布结果分析

2018年锂资源产品贸易的环境隐含流网络中，度与强度在各国的分布及关系如图4.12和图4.13所示。

在锂化合物的贸易环境隐含流网络中，中国是环境影响转移关系数量最多和出口量最大的国家，加拿大是环境影响进口量最大的国家。加拿大的环境影响几乎全部来源于中国，中国的环境影响主要转移至加拿大（79%）、智利（18%）和阿根廷（2%）。作为拥有锂矿资源的主要国家，智利的环境影响转移关系数量也较多且进口量较大，其中60%的环境影响来源于中国，11%来源于韩国，6%来源于日本。

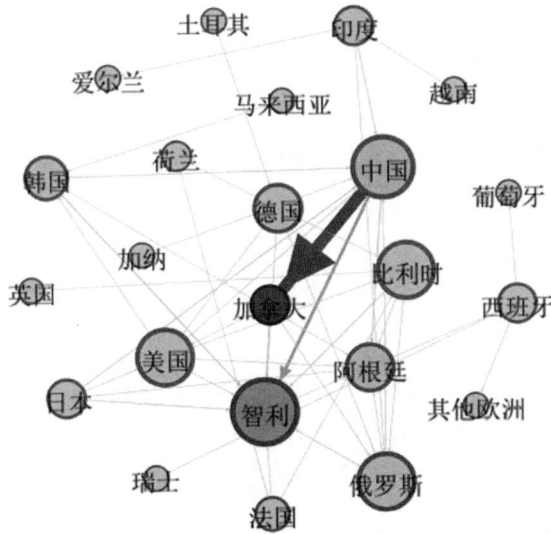

图4.12　锂化合物贸易环境隐含流网络（2018年）

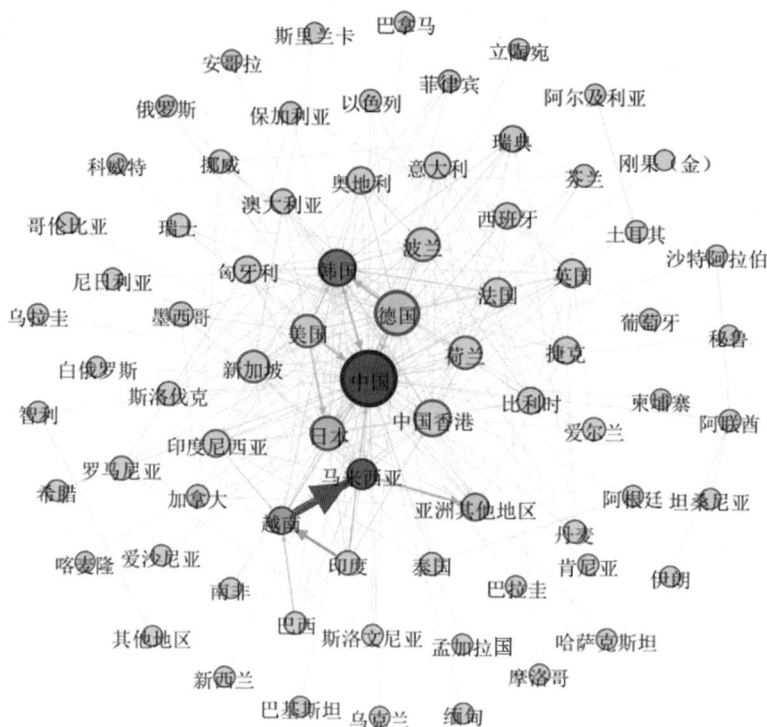

图4.13　锂产品贸易环境隐含流网络（2018年）

在锂产品的贸易环境隐含流网络中，环境影响转移关系数量最多的国家是中国，且环境影响进口量也最大，主要来源国家（图4.14）为韩国、美国、德国等，占比分别为17%、16%、12%。除中国外，马来西亚、韩国、越南、日本等亚洲国家作为全球锂离子电池的主要生产国家也是环境影响的主要进口国。

环境影响出口量最大的国家是越南，86%的环境影响转移至马来西亚，也是马来西亚环境影响的主要来源国家。在3.4节的分析中，印度是贸易环境影响减少量最大的国家，对其环境隐含流分析可知，在锂产品贸易中，其环境影响几乎全部通过贸易转移至其他国家（地区），其中，63%转移至越南，23%转移至中国。而在未来发达国家将产业链制造环节转移至南亚和东南亚发展中国家（地区）的趋势下，以印度为首的国家（地区）可能由原来的锂产品的净进口国转变为净出口国，从而带来较大的环境影响增加，而其环境治理能力和技术水平，以及发达国家（地区）利用其廉价劳动力的基本出发点，也可能加剧贸易的环境不公平性，具体分析将在第

5章的情景分析中予以阐述。

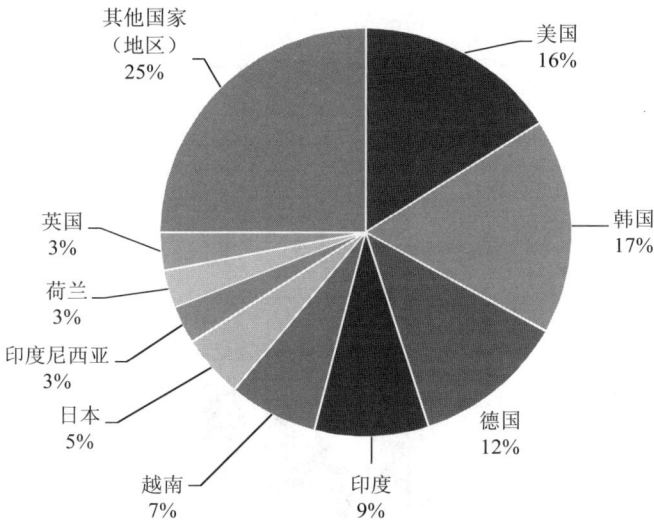

图4.14 中国的锂产品贸易环境影响来源国（地区）分布（2018年）

总体上，锂资源产品贸易的环境隐含流网络度分布规律与全球锂产业链分布规律相符，即锂矿资源的主要分布国家（地区）为贸易环境影响的主要进口国家（地区），来源国主要为中国、日本、韩国等锂离子电池的主要生产国家（地区）；锂产品的主要加工生产国家（地区）为贸易环境影响的主要进口国家（地区），来源国主要为欧美发达国家（地区）。形成了"欧美发达国家（地区）→中、日、韩等亚洲国家（地区）→加拿大、智利、阿根廷等锂矿资源分布国家（地区）"的逆产业链的环境影响转移链条。

4.3.3 中心性结果分析

对主要国家（地区）锂资源产品介数中心性和特征向量中心性的对比分析，如图4.15所示。筛选两种中心性排名均位于前10名的国家，如表4.2所示。可知，对锂资源产品贸易的环境公平性影响较大的国家（地区）主要分布在经济水平较高的国家（地区），且中国、美国、德国对两种锂资源产品贸易的环境不公平性影响程度均较大。

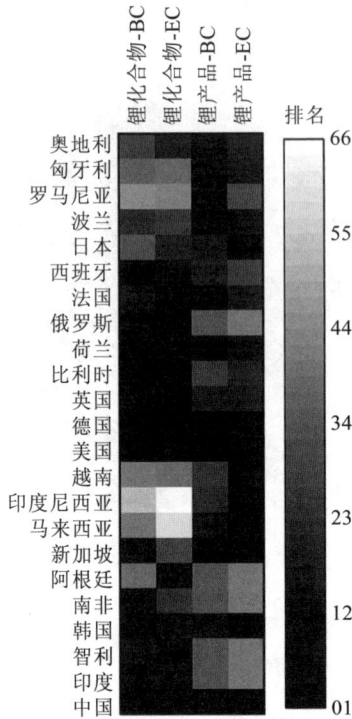

图4.15 锂资源产品贸易环境隐含流网络中心性分析结果（2018年）

表4.2 影响锂资源产品贸易环境不公平性的关键节点国家（地区）清单

国家（地区）类型	锂化合物	锂产品
最不发达国家（地区）		
发展中国家（地区）	中国	中国、新加坡
发达国家（地区）	荷兰、美国、德国、比利时、俄罗斯	德国、美国

4.4 铜资源产品国际贸易的环境隐含流网络分析

4.4.1 "小世界效应"特征量结果分析

对2018年铜资源产品贸易的环境隐含流网络"小世界效应"特征量的分析结果如图4.16所示。对比可知，网络密度和平均聚类系数的大小排序为铜材＞精炼铜

＞铜化合物＞粗铜＞铜废料＞铜矿，平均路径长度的大小关系排序为铜矿＞铜废料
＞粗铜＞铜化合物＞精炼铜＞铜材。这表明，铜材的环境隐含流网络稳定性最高，
对贸易环境不公平性的影响最小；铜矿的环境隐含流网络稳定性最差，对贸易环境
不公平性的影响最大。结合铜资源产品的产业链可知，加工程度越高的产品，环境
隐含流网络的稳定性越高，对贸易环境不公平性的影响越小。因此，为改善铜资源
产品的贸易环境不公平性，应在铜矿、粗铜、精炼铜、铜化合物、铜废料的贸易网
络中通过贸易政策和环境政策予以调整。

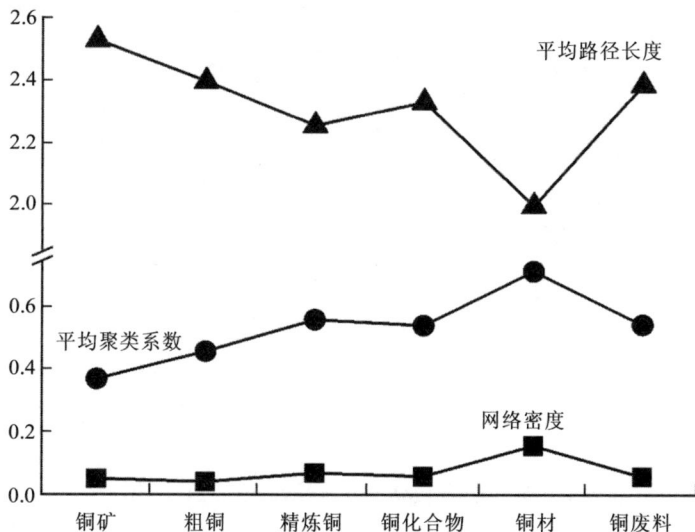

图4.16 铜资源产品贸易环境隐含流网络"小世界效应"特征量

4.4.2 度分布结果分析

2018年铜资源产品贸易的环境隐含流网络度与强度在各国的分布及关系如
图4.17至图4.24所示。

在铜矿贸易环境隐含流网络（图4.17）中，智利和秘鲁的贸易环境影响进口量
和来源国数量均最大，其中，73%的环境影响来源于中国，10%的环境影响来源于
印度；印度尼西亚的贸易环境影响进口量和输入国家的数量也相对较大，其主要环
境影响来源国为印度（54%）、菲律宾（20%）、中国（11%）等；哈萨克斯坦也具
有一定的贸易环境影响进口量，但其贸易环境影响的来源国家只有中国、俄罗斯和

乌兹别克斯坦，分别占比49%、46%和5%；澳大利亚和墨西哥的环境影响输入国家（地区）数量较多，但环境影响进口量相对较少，81%的环境影响从中国输入。

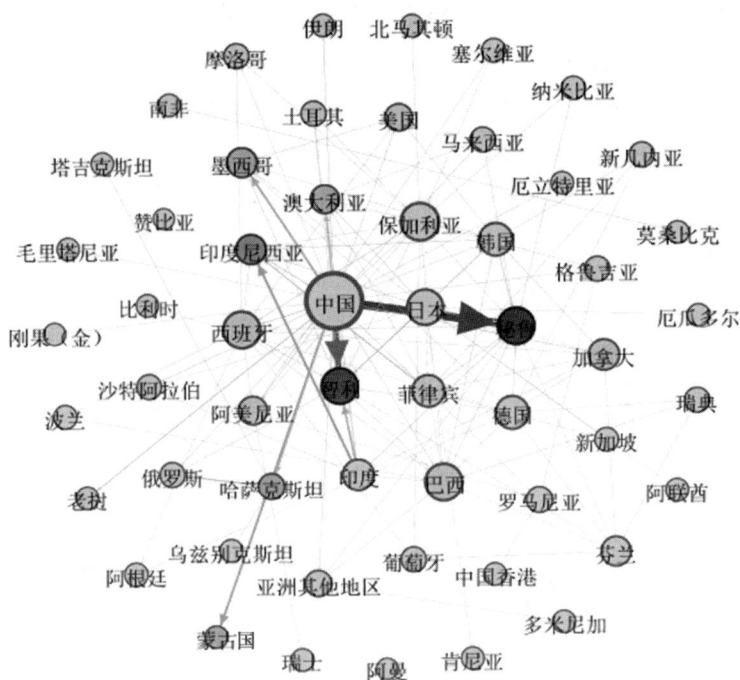

图4.17　铜矿贸易环境隐含流网络（2018年）

2018年粗铜的国际贸易环境隐含流网络如图4.18所示，比利时、中国、加拿大等国家的贸易环境影响转移关系数量较多；赞比亚和智利是贸易环境影响进口量最大的两个国家，且同时贸易环境影响输入的来源国数量也最大，主要来源国均为中国，占比60%，瑞士、加拿大等欧美国家对其也有一定的环境影响输出，分别占比12%、11%。

在2018年精炼铜的贸易环境隐含流网络中，如图4.19所示，智利是贸易环境影响进口量最大的国家，进口关系数量也较多；巴西、亚洲其他地区、中国等是主要来源，分别占比31%、25%、23%；澳大利亚、印度尼西亚、老挝、刚果（金）和刚果（布）的输入性贸易环境影响相对较大，主要来源国家（地区）包括马来西亚、阿联酋、菲律宾等；俄罗斯、赞比亚、西班牙、比利时等的环境影响进口贸易关系数量较多，但其输入的环境影响总量相对较小。

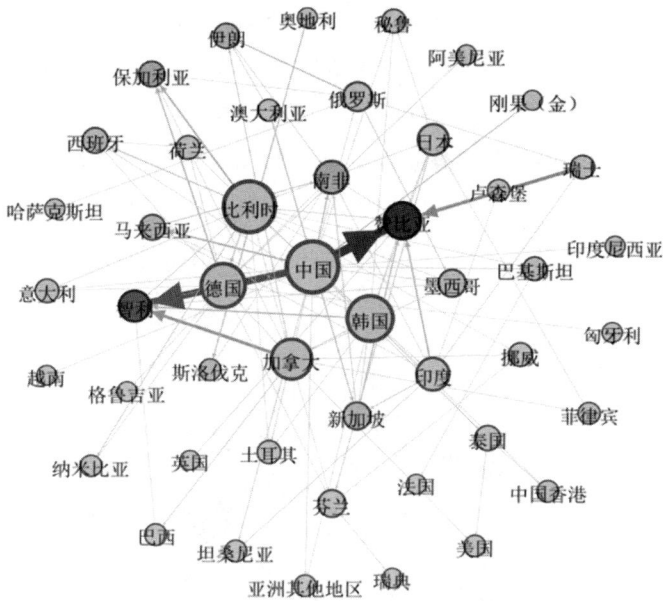

图4.18　粗铜的国际贸易环境隐含流网络（2018年）

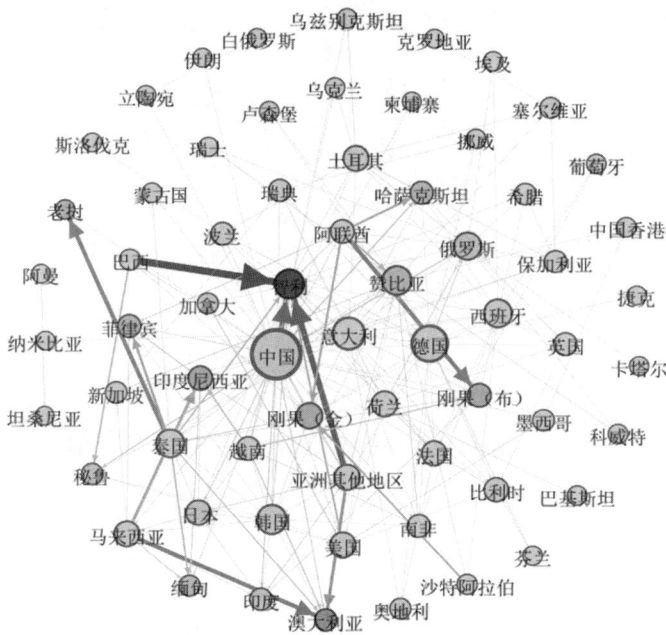

图4.19　精炼铜的贸易环境隐含流网络（2018年）

第 4 章　贸易环境隐含流的网络分析及关键特征

在2018年铜化合物的贸易环境隐含流网络中，如图4.20所示，俄罗斯是贸易环境影响转移关系数量最多且环境影响进口量最大的国家，其来源国分布较为广泛，如图4.21所示，其中，21%的环境影响来源于澳大利亚，12%的环境影响来源于哈萨克斯坦；赞比亚的环境影响进口量仅低于俄罗斯，但其环境影响转移关系数量较少，仅来源于南非、瑞士和中国，分别占比53%、36%和10%；此外，中国、泰国、澳大利亚、挪威、德国等的环境影响进口量也相对较大，且来源国家（地区）相对较为集中。

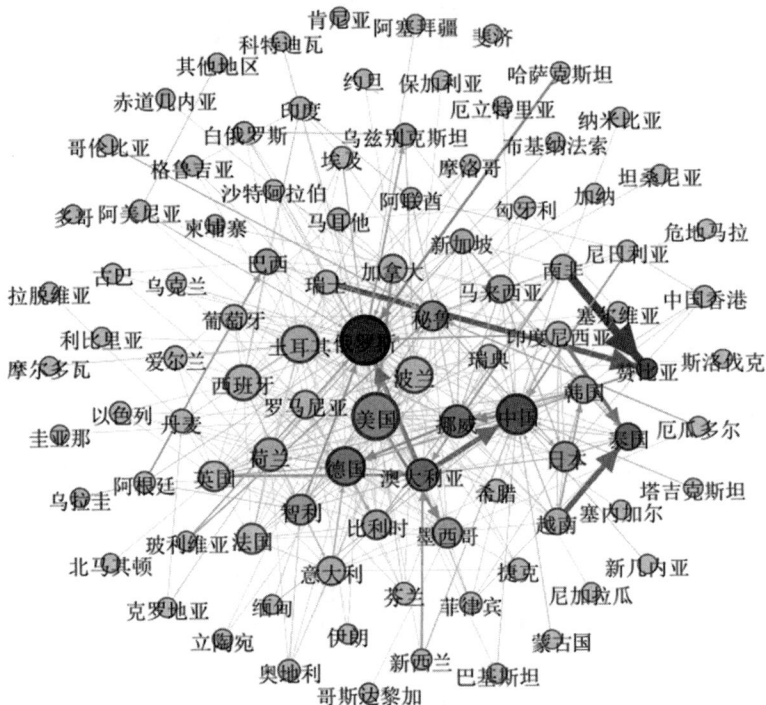

图4.20　铜化合物贸易环境隐含流网络（2018年）

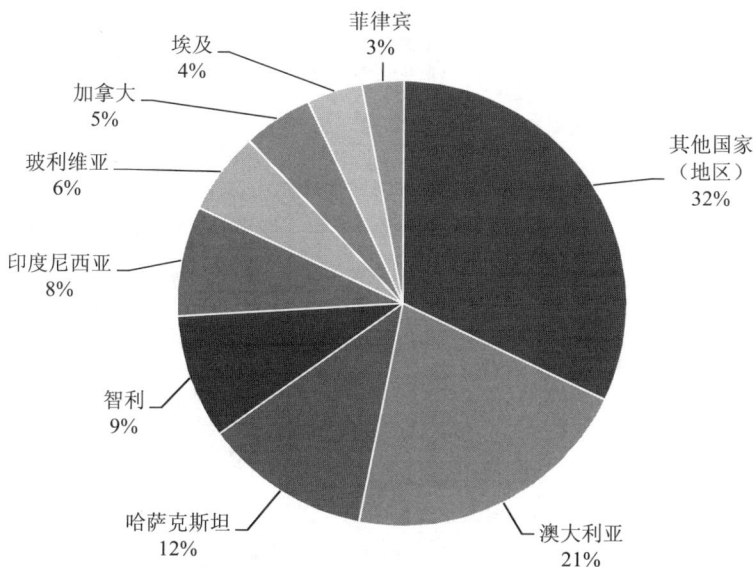

图4.21 俄罗斯铜化合物贸易环境影响的来源分布（2018年）

在2018年铜材贸易的环境隐含流网络中，如图4.22所示，德国是贸易环境影响转移关系数量和环境影响进口量最大的国家，其来源国分布较为广泛，且主要来源于欧洲国家（地区），如图4.23所示。其中，16%的环境影响来源于意大利，15%的环境影响来源于波兰，10%的环境影响来源于奥地利；阿联酋的贸易环境影响进口量也较大，其来源国主要集中在亚洲和非洲的国家（地区），主要来源为沙特阿拉伯、印度等，分别占比36%、29%；俄罗斯、比利时、波兰、西班牙、马来西亚、加拿大、泰国等的贸易环境影响进口量较大，但来源国家（地区）数量相对较小，主要来源于科威特、意大利、捷克、摩洛哥、印度、美国、越南等。

在2018年铜废料的贸易环境隐含流网络中，如图4.24所示，铜废料的贸易带给中国的环境影响输入量最大，且来源国家和地区数量最多，如图4.25所示。其中，美国、日本、中国香港是主要的来源国家和地区，分别占比16%、16%、11%；德国的环境影响进口量和来源数量也相对较大，主要来源为欧美发达国家和地区，如图4.26所示。其中，22%的环境影响来源于荷兰，10%的环境影响来源于瑞士；虽然马来西亚、韩国、日本、中国香港、巴基斯坦、印度等亚洲国家和地区的铜废料贸易环境影响输入量相对较小，但具有较多的环境影响来源，且以欧美国家和地区为主。其中，28%的环境影响来源于美国，9%的环境影响来源于加拿大，14%的环境影响来源于欧洲。

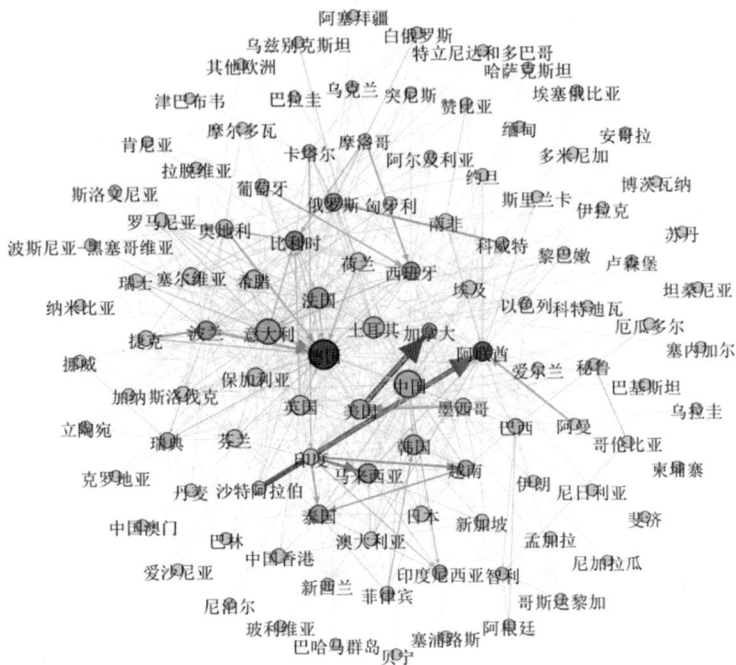

图4.22 铜材贸易环境隐含流网络（2018年）

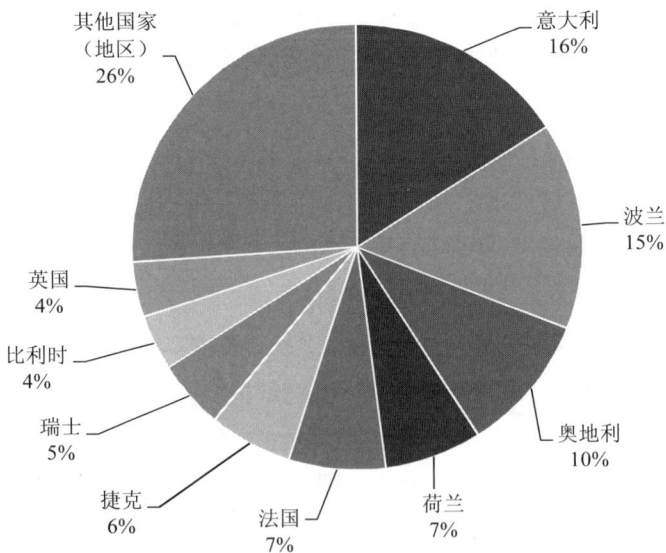

图4.23 德国铜材贸易环境影响的来源国（地区）分布（2018年）

战略性金属资源国际贸易的全球环境影响及公平性评估

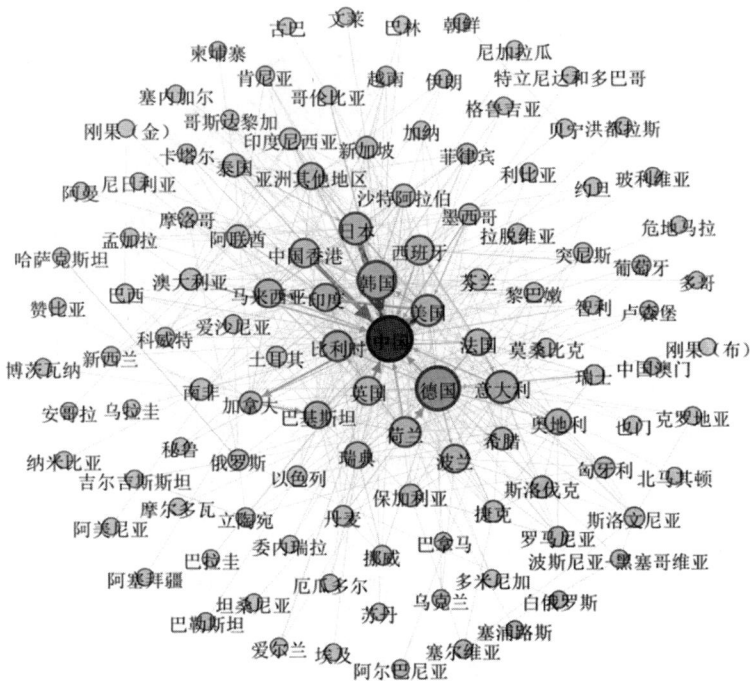

图4.24 铜废料贸易环境隐含流网络（2018年）

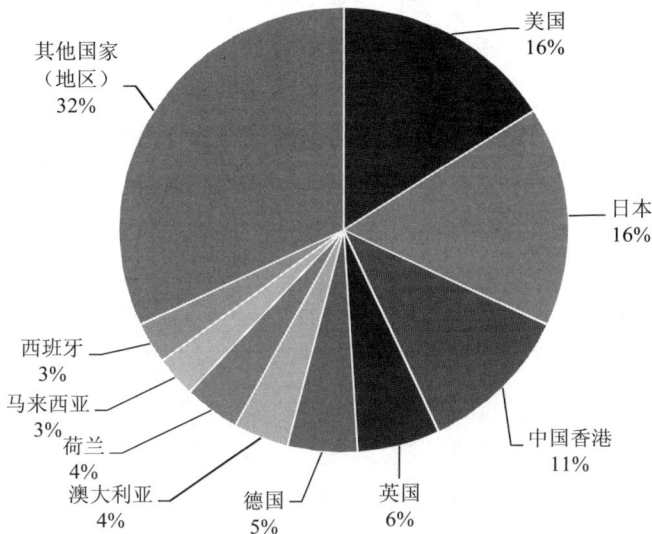

图4.25 中国铜废料贸易环境影响的来源国/地区分布（2018年）

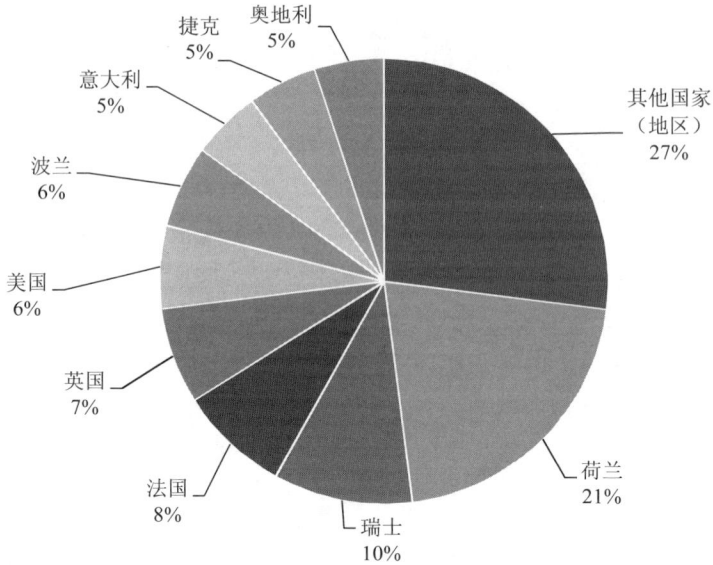

图4.26　德国铜废料贸易环境影响的来源国（地区）分布（2018年）

4.4.3　中心性结果分析

对铜资源产品贸易的环境隐含流网络介数中心性和特征向量中心性排名，选取前10名的国家（地区），如表4.3和表4.4所示。根据排名情况，筛选得到影响贸易环境不公平性的关键节点国家（地区）如表4.5所示。

表4.3　铜资源贸易环境隐含流网络介数中心性排名（2018年）

排名	铜矿	粗铜	精炼铜	铜化合物	铜材	铜废料
1	日本	加拿大	中国	美国	德国	德国
2	保加利亚	日本	德国	俄罗斯	中国	中国
3	菲律宾	德国	意大利	德国	意大利	美国
4	西班牙	比利时	美国	中国	阿联酋	韩国
5	加拿大	韩国	韩国	波兰	土耳其	意大利
6	墨西哥	挪威	比利时	土耳其	美国	英国
7	德国	菲律宾	荷兰	西班牙	印度	西班牙
8	巴西	印度	日本	荷兰	马来西亚	俄罗斯
9	芬兰	芬兰	菲律宾	澳大利亚	俄罗斯	波兰
10	美国	俄罗斯	波兰	秘鲁	巴西	比利时

表4.4 铜资源贸易环境隐含流网络特征向量中心性排名（2018年）

排名	铜矿	粗铜	精炼铜	铜化合物	铜材	铜废料
1	智利	智利	智利	美国	德国	中国
2	秘鲁	赞比亚	赞比亚	俄罗斯	中国	马来西亚
3	巴西	西班牙	刚果（金）	中国	意大利	日本
4	印度尼西亚	加拿大	德国	挪威	马来西亚	韩国
5	澳大利亚	芬兰	俄罗斯	德国	保加利亚	德国
6	墨西哥	南非	比利时	土耳其	韩国	印度
7	美国	墨西哥	哈萨克斯坦	澳大利亚	希腊	巴基斯坦
8	菲律宾	德国	南非	墨西哥	法国	荷兰
9	新几内亚	挪威	西班牙	秘鲁	土耳其	意大利
10	加拿大	比利时	瑞典	日本	芬兰	比利时

表4.5 影响铜资源产品贸易环境不公平性的关键节点国家（地区）清单（2018年）

国家（地区）类型	铜矿	粗铜	精炼铜	铜化合物	铜材	铜废料
最不发达国家（地区）						
发展中国家（地区）	菲律宾、墨西哥、巴西			中国、土耳其、秘鲁	中国、土耳其、马来西亚	中国、韩国
发达国家（地区）	加拿大、美国	加拿大、德国、比利时、挪威、芬兰	德国、比利时	美国、俄罗斯、德国、澳大利亚	德国、意大利	德国、意大利、比利时

分析可知，欧美发达国家和地区，尤其是德国，是改善铜资源产品贸易环境不公平性的关键，中国在铜化合物、铜材和铜废料的贸易中对环境不公平性的影响较大。

4.5 铝资源产品国际贸易的环境隐含流网络分析

4.5.1 "小世界效应"特征量结果分析

对铝资源产品贸易的环境隐含流网络"小世界效应"特征量分析，如图4.27所示。对比分析可知，网络密度和平均聚类系数呈现：铝材＞铝化合物＞铝废料＞铝矿的规律，平均路径长度呈现：铝矿＞铝废料＞铝化合物＞铝材的规律。这表明，铝材的环境隐含流网络稳定性最强，对贸易环境不公平性的影响最小；铝矿、铝化合物、铝废料环境隐含流网络的变动，对贸易环境不公平性的影响相对更为显著。

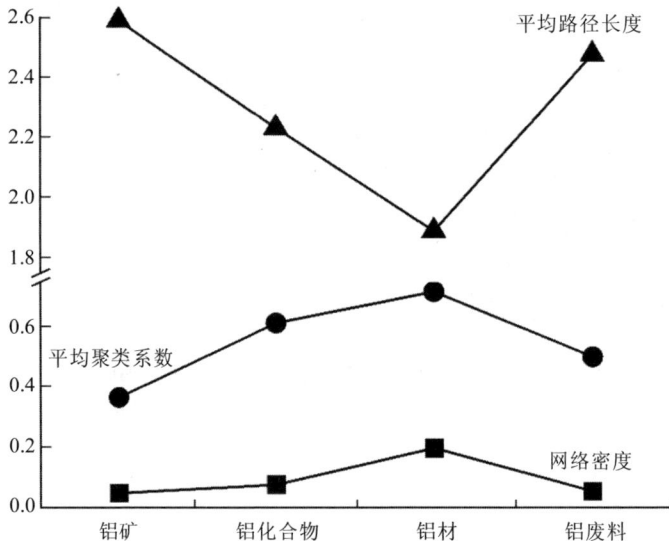

图4.27 铝资源产品贸易环境隐含流网络"小世界效应"特征量

4.5.2 度分布结果分析

2018年铝资源产品贸易的环境隐含流网络的度与强度在各国的分布及关系如图4.28至图4.33所示。

在铝矿的贸易环境隐含流网络中，如图4.28所示，环境影响转移关系数量最多的国家是中国，且环境影响的出口量最大，环境影响主要转移至澳大利亚（48%）、几内亚（30%）等铝矿的主要分布国家（地区）；澳大利亚是环境影响进口量最大的国家，98%的环境影响来源于中国；几内亚的环境影响进口量仅次于澳大利亚，其中，73%来源于中国，25%来源于欧洲国家（地区）。

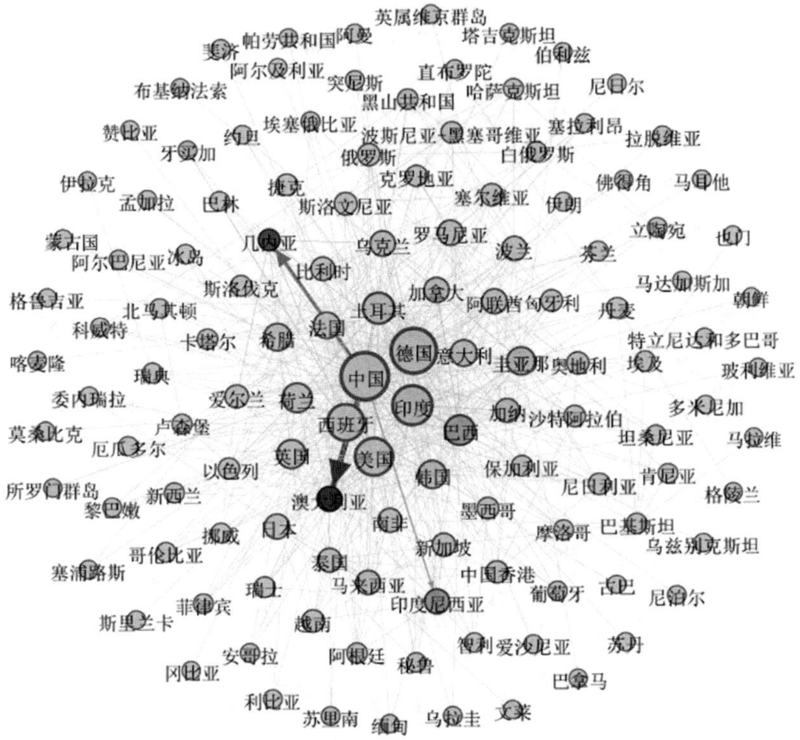

图4.28 铝矿贸易环境隐含流网络（2018年）

在铝化合物的贸易环境隐含流网络中，如图4.29所示，环境影响转移关系数量最多的国家是中国，环境影响进口量最大的国家是乌克兰，环境影响出口量最大的国家是俄罗斯。俄罗斯的环境影响出口中，51%转移至乌克兰，40%转移至哈萨克斯坦，俄罗斯是乌克兰和哈萨克斯坦的环境影响主要来源国；印度在环境隐含流网络中处于环境影响的中转地位，如图4.30所示，连接了环境影响在亚洲和非洲国家（地区）之间的转移，将主要来源于阿联酋（52%）、卡塔尔（9%）等国家（地区）的环境影响转移至越南（42%）、印度尼西亚（41%）、中国（8%）等国家（地区）。

第4章 贸易环境隐含流的网络分析及关键特征

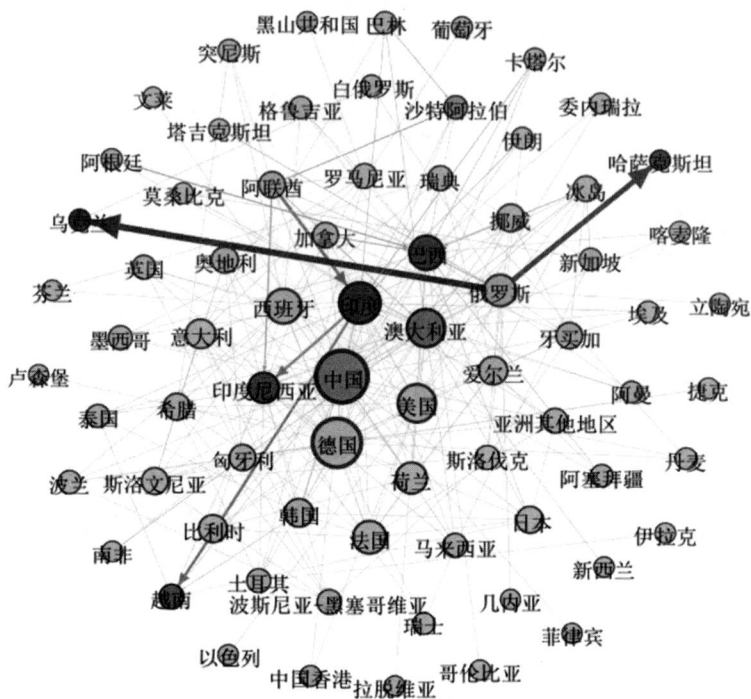

图4.29 铝化合物贸易环境隐含流网络（2018年）

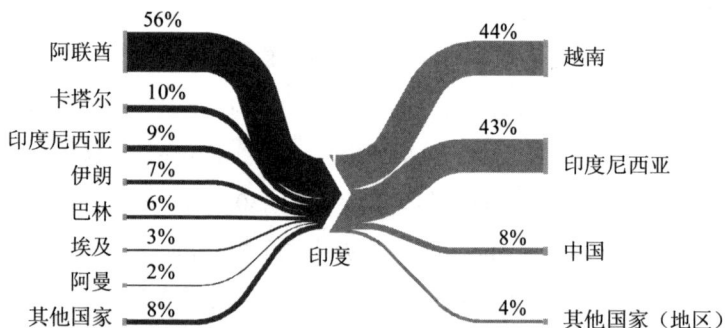

图4.30 印度铝化合物贸易主要环境隐含流分布（2018年）

在铝材的贸易环境隐含流网络中，如图4.31所示，环境影响转移关系数量最多和环境影响进口量最大的国家是中国，环境影响出口量最大的国家是美国。中国的环境影响进口来源国家和地区分布较为广泛，如图4.32所示。其中，66%来源于韩国、日本、印度尼西亚、印度、泰国、越南等亚洲国家（地区），14%来源于希腊、德国、英国、波兰、意大利等欧洲国家（地区），8%来源于尼日利亚、南非等非洲国家（地区），7%来源于美国、墨西哥、加拿大等北美洲国家（地区）；俄罗斯、德国、阿联酋、印度、加拿大、澳大利亚、莫桑比克等的输入性环境影响虽然较大，但其来源相对较少，主要为日本、韩国、美国、马来西亚、荷兰等国家（地区）；意大利、土耳其、法国、希腊、荷兰等环境影响的输入总量较小，但来源国家（地区）数量较多。

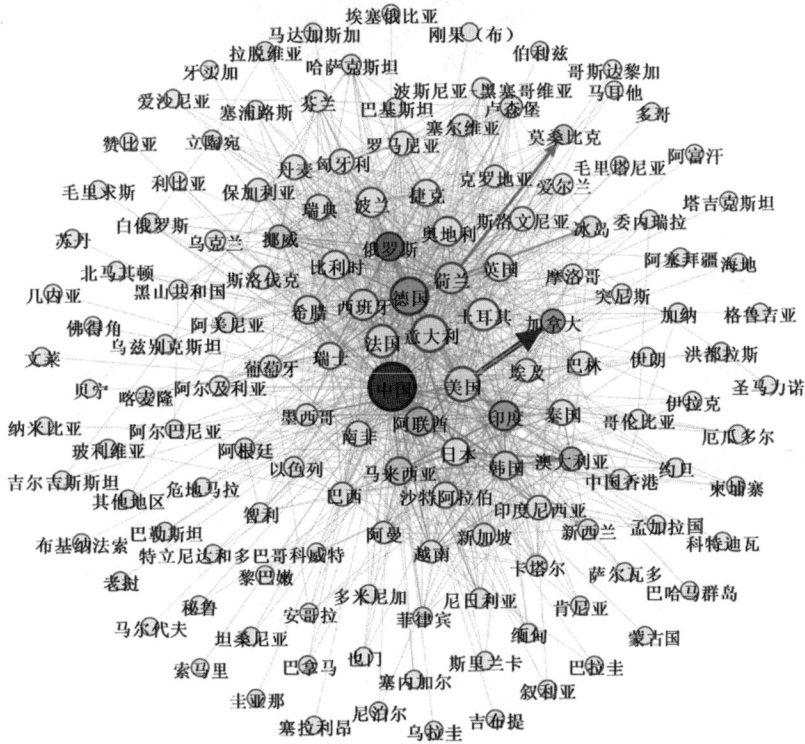

图4.31　铝材贸易环境隐含流网络（2018年）

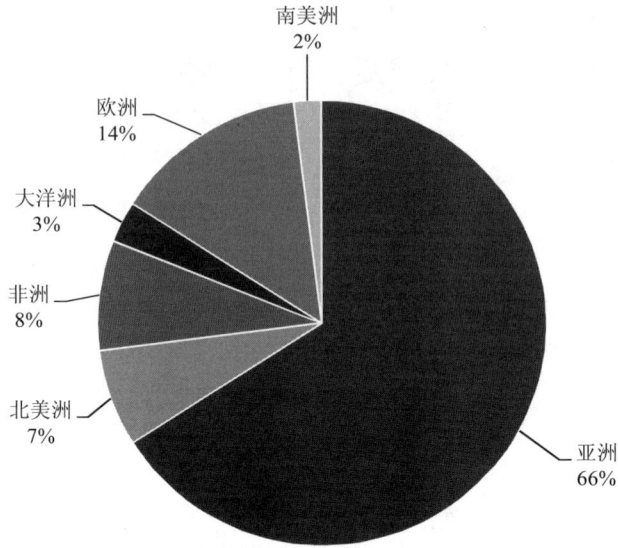

图4.32 中国铝材贸易环境影响的来源分布（2018年）

　　在铝废料的贸易环境隐含流网络中，如图4.33所示，环境影响转移关系数量最多和环境影响进口量最大的国家是印度，环境影响出口量最大的国家是美国。印度的环境影响来源分布较为广泛，如图4.34所示，主要来源为美国、沙特阿拉伯、阿联酋、澳大利亚等国家，分别占比26%、16%、14%、10%。美国和马来西亚的环境影响进口量仅次于印度，且来源较少。其中，美国在环境隐含流网络中起到了环境影响的中转作用，如图4.35所示，将北美地区的环境影响转移至亚洲发展中国家（地区）。其环境影响主要来源于加拿大（64%）和墨西哥（30%），与此同时，将环境影响转移至印度（27%）、马来西亚（19%）、印度尼西亚（10%）、中国（7%）等亚洲国家和地区，环境影响净减少，加剧亚洲发展中国家和地区的环境不公平性。

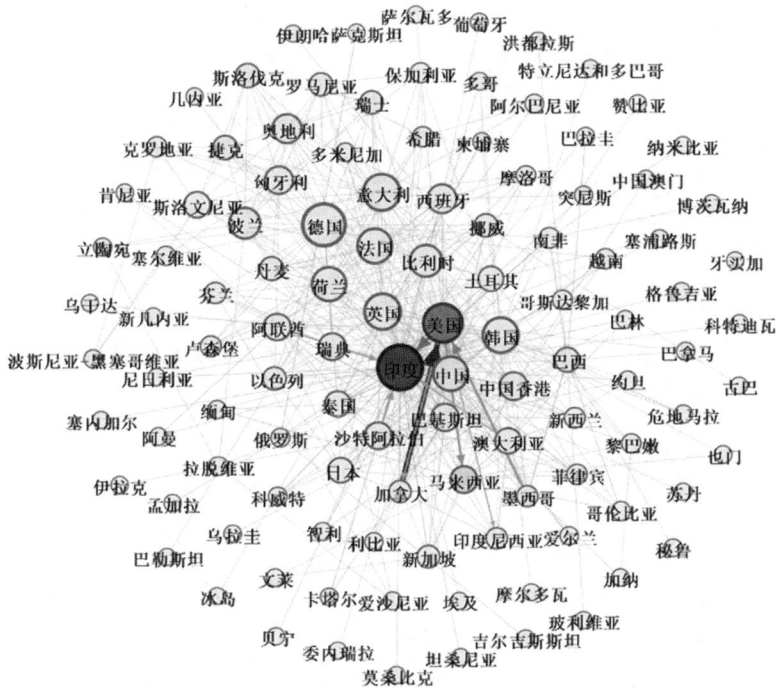

图4.33 铝废料贸易环境隐含流网络（2018年）

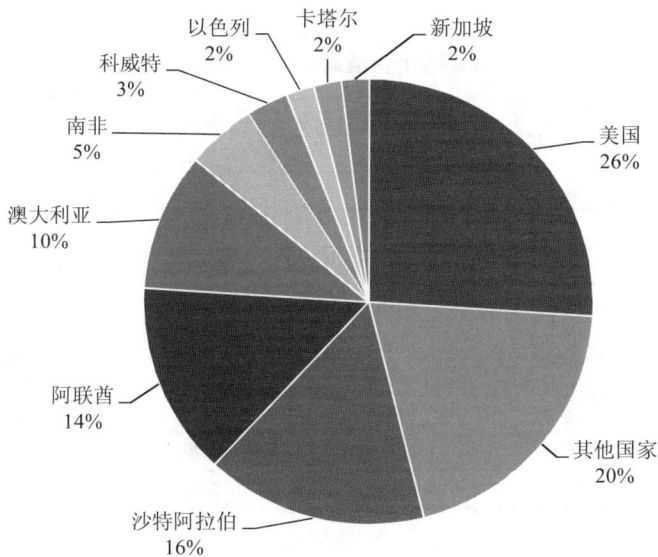

图4.34 印度铝废料贸易环境影响的来源分布（2018年）

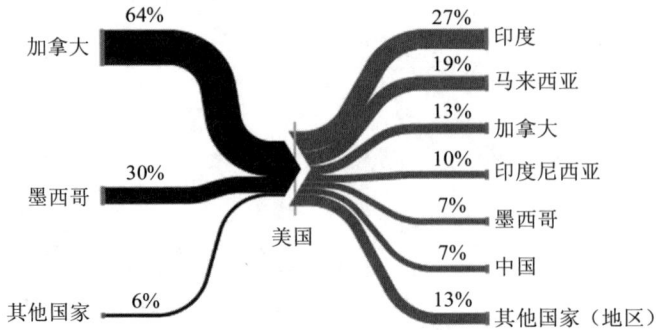

图4.35 美国铝废料贸易主要环境隐含流分布（2018年）

4.5.3 中心性结果分析

对铝资源产品贸易的环境隐含流网络介数中心性和特征向量中心性排名,选取前10名的国家,如表4.6和表4.7所示。根据排名情况,筛选得到影响贸易环境不公平性的关键节点国家（地区）,如表4.8所示。

分析可知,中国、印度、德国在环境隐含流网络中具有较高的环境影响中转地位,且与之有环境影响转移关系的国家（地区）在网络中也具有较为重要的地位,是改善铝资源产品贸易环境不公平性的关键节点国家（地区）。

表4.6 铝资源贸易环境隐含流网络介数中心性排名（2018年）

排名	铝矿	铝化合物	铝材	铝废料
1	德国	德国	中国	美国
2	中国	中国	美国	德国
3	印度	美国	德国	韩国
4	西班牙	俄罗斯	意大利	沙特阿拉伯
5	美国	印度	土耳其	中国
6	土耳其	丹麦	法国	英国
7	法国	西班牙	日本	印度
8	加拿大	印度尼西亚	印度	意大利
9	英国	瑞典	俄罗斯	瑞典
10	荷兰	巴西	波兰	阿联酋

表4.7 铝资源贸易环境隐含流网络特征向量中心性排名（2018年）

排名	铝矿	铝化合物	铝材	铝废料
1	中国	中国	中国	德国
2	德国	德国	德国	印度
3	美国	法国	俄罗斯	意大利
4	圭亚那	印度	意大利	中国
5	印度	澳大利亚	阿联酋	法国
6	西班牙	美国	希腊	波兰
7	巴西	荷兰	印度	奥地利
8	荷兰	印度尼西亚	法国	韩国
9	土耳其	西班牙	奥地利	匈牙利
10	意大利	希腊	土耳其	巴基斯坦

表4.8 影响铝资源产品贸易环境不公平性的关键节点国家（地区）清单（2018年）

国家类型	铝矿	铝化合物	铝材	铝废料
最不发达国家				
发展中国家	中国、印度、土耳其	中国、印度、印度尼西亚	中国、土耳其、印度	中国、印度、韩国
发达国家	德国、西班牙、美国、荷兰	德国、美国、西班牙	德国、意大利、法国、俄罗斯	德国、意大利

4.6 小结

本章构建了战略性金属资源产品贸易的环境隐含流网络,将复杂网络分析应用于贸易的环境隐含流网络分析中,并根据复杂网络特征量的本质赋予其在环境隐含流网络中的具体含义以及政策意义,识别了影响金属资源产品贸易环境不公平性的关键产品与关键节点国家（地区）,形成的主要结论如下:

（1）对4种战略性金属资源产品的贸易环境隐含流网络的"小世界效应"特征量分析结果表明:产品的加工程度越高,其对环境公平性的影响越小,原材料产品和金属废料贸易环境隐含流网络的变化对环境公平性的影响更为显著。尽管通过对第3章的分析发现金属废料贸易带来环境影响增加仅占2%,但当其贸易网络中各节点国家（地区）的贸易规模、处理处置技术水平及能源消耗水平发生变动时,仍会对其自身贸易的环境公平性带来显著影响。

因此，为改善贸易的环境不公平性，各国应重点加强金属原材料产品和金属废料的进出口贸易管理政策，尤其在金属废料的进口政策中，禁止或限制进口金属废料政策将显著减少环境影响转移，从而改善贸易的环境不公平性。在金属原材料产品的进出口定价与关税政策制定时，应充分将环境成本纳入考虑范畴，根据一定的原则体现在进出口价格与关税价格中。

（2）除稀土化合物外，影响贸易环境不公平性的关键节点国家（地区）均分布于以美国、德国、中国、印度为主的发达国家（地区）与发展中国家（地区）之中。以美国、德国为主的欧美发达国家（地区）在金属资源产品贸易中发挥了较为关键的环境影响中转作用，环境影响的转移方向主要为"其他发达国家（地区）→美国、德国等关键节点国家（地区）→发展中国家（地区）或最不发达国家（地区）"；而以中国、印度为首的发展中国家（地区）对环境影响的中转作用体现在形成了"发达国家（地区）→中国、印度等关键节点国家（地区）→其他发展中国家（地区）或最不发达国家（地区）"的转移关系链。

因此，为改善上述两种环境影响转移链所带来的环境不公平性，削弱关键节点国家（地区）的中转作用至关重要。一方面，可以通过在关税等具有产品清单的贸易政策中，将环境成本作为税率制定与定价博弈的关键因素，通过市场机制调节环境影响向经济水平较低国家（地区）的转移；另一方面，作为享受环境效益的国家（地区），应承担相应的环境责任，在输出环境影响的同时，输出清洁生产技术与资金支持，促进环境不公平性的改善，形成良性的贸易合作模式。

在第3章和第4章对4种战略性金属的环境影响以及环境隐含流网络分析的基础上，本章拟对各国（地区）战略性金属资源产品贸易所带来的资源效益与环境成本进行货币化评估，并通过成本-效益分析方法核算贸易带给各国的实际资源环境净效益，结合各国（地区）的经济发展水平定义贸易的环境不公平性指数，对比分析贸易环境不公平性的国别差异，并判断未来国际制造业发展的主要趋势对贸易环境公平性的影响。

5.1 研究方法与数据来源

5.1.1 成本-效益分析

在本研究中，通过结合经济学中的"机会成本"概念，定义贸易资源环境机会成本为由于选择进口或出口某类金属资源产品而带来的资源环境净效益的变化，即不存在贸易关系时各国（地区）的资源环境净效益。而金属资源产品贸易的实际资源环境净效益则为存在贸易关系时的资源环境效益减去机会成本。

为使资源效益与环境效益具有可比性，首先需对二者的价值进行定量化估算。常见的资源环境价值定量估算方法包括成本核算法、市场价值法、机会成本法、替代市场法、影子工程法、费用分析法、条件价值法等[284,285]。在对各国家和地区战略性金属资源产品的资源环境价值评估中，本研究应用市场价值法评估其资源价值，分别通过金属资源产品的本国（地区）交易市场价格和国际贸易额表征其国内资源价值和国际资源价值；应用影子工程法评估其环境成本，通过金属资源产品生产过程产生的大气污染物的治理成本表征其环境成本。

因此，在战略性金属资源产品 x 的贸易网络 $C_w(t)$ 中，节点国家（地区）i 向节点国家（地区）j 出口 $w(i, j)$ 的产品 x，节点国家（地区）i 生产产品 x 的环境影响为 ε_{xi}，环境成本为 δ_{xi}，贸易价值为 φ_{xi}；节点国家（地区）j 生产产品 x 的环境影响为 ε_{xj}，环境成本为 δ_{xj}，贸易价值为 φ_{xj}。假设不考虑产品 x 的国内市场情况。若贸易关系 $r(i, j)$ 不存在，则节点国家（地区）i 和 j 的资源效益、环境成本与资源环境净效益见表5.1。

表5.1 不存在贸易关系的资源环境效益-成本分析

	国家（地区）i：不生产 x	国家（地区）j：生产 x
资源效益	0	0
环境成本	0	δ_{xj}
资源环境净效益	0	$-\delta_{xj}$

若贸易关系 $r(i, j)$ 存在，则节点国家（地区）i 和 j 的资源效益、环境成本与资源环境净效益见表5.2。

表5.2 存在贸易关系的资源环境效益-成本分析

	国家（地区）i：生产 x，出口	国家（地区）j：不生产 x，进口
资源效益	φ_{xi}	$-\varphi_{xj}$
环境成本	δ_{xi}	0
资源环境净效益	$\varphi_{xi} - \delta_{xi}$	$-\varphi_{xj}$

节点国家（地区）i 和 j 由于选择贸易关系 $r(i, j)$ 而带来的贸易资源机会成本、贸易环境机会成本以及资源环境机会成本为无贸易关系的对应情况，如表5.1所示，则贸易关系带来的实际资源环境净效益见表5.3。

表5.3 金属资源产品贸易的实际资源环境成本-效益分析

	国家（地区）i	国家（地区）j
实际资源效益	φ_{xi}	$-\varphi_{xj}$
实际环境成本	δ_{xi}	$-\delta_{xj}$
实际资源环境净效益	$\varphi_{xi} - \delta_{xi}$	$-\varphi_{xj} + \delta_{xj}$

即贸易关系 $r(i, j)$ 的存在，给出口国家（地区）i 带来实际资源环境净效益为

$(\varphi_{xi} - \delta_{xi})$，给进口国家（地区）$j$带来实际资源环境净效益为$(-\varphi_{xj} + \delta_{xj})$。

当贸易产品为金属废碎料y时，在贸易网络$C_w(t)$中，节点国家（地区）i向节点国家（地区）j出口$w(i, j)$的废碎料y。假设不考虑各贸易国家（地区）国内再生资源市场再生金属y的价格。若不存在贸易关系$r(i, j)$，则节点国家（地区）i处理处置废碎料y的环境影响为$(\varepsilon LF_{yi} + \varepsilon INC_{yi} + \varepsilon RCL_{yi})$，环境成本为$(\delta LF_{yi} + \delta INC_{yi} + \delta RCL_{yi})$；而当存在贸易关系时，环境成本为0[1]，贸易价值为φ_{yi}。若不存在贸易关系，节点国家（地区）j不需处理$w(i, j)$的废碎料y，环境成本为0；当进口废碎料y并进行处理处置时，环境影响为$(\varepsilon LF_{yj} + \varepsilon INC_{yj} + \varepsilon RCL_{yj})$，环境成本为$(\delta LF_{yj} + \delta INC_{yj} + \delta RCL_{yj})$，进口贸易价值为$\varphi_{yj}$。

若贸易关系$r(i, j)$不存在，则节点国家（地区）i和j的资源效益、环境成本与资源环境净效益见表5.4。

表5.4　不存在贸易关系的资源环境效益-成本分析

	国家（地区）i：产生y，不出口	国家（地区）j：不进口y
资源效益	0	0
环境成本	$\delta LF_{yi} + \delta INC_{yi} + \delta RCL_{yi}$	0
资源环境净效益	$-(\delta LF_{yi} + \delta INC_{yi} + \delta RCL_{yi})$	0

若贸易关系$r(i, j)$存在，则节点国家（地区）i和j的资源效益、环境成本与资源环境净效益见表5.5。

表5.5　存在贸易关系的资源环境效益-成本分析

	国家（地区）i：产生y，出口	国家（地区）j：进口y
资源效益	φ_{yi}	$-\varphi_{yj}$
环境成本	0	$\delta LF_{yj} + \delta INC_{yj} + \delta RCL_{yj}$
资源环境净效益	φ_{yi}	$-\varphi_{yj} - (\delta LF_{yj} + \delta INC_{yj} + \delta RCL_{yj})$

因此，节点国家（地区）i和j由于选择贸易关系$r(i, j)$而带来的贸易实际资源效益、环境成本以及资源环境净效益见表5.6。

---

[1] 不考虑运输过程的环境影响。

表5.6　金属废料贸易的实际资源环境成本效益分析

	国家（地区）i	国家（地区）j
实际资源效益	φ_{yi}	$-\varphi_{yj}$
实际环境成本	$-(\delta INC_{yi} + \delta RCL_{yi})$	$\delta INC_{yj} + \delta RCL_{yj}$
实际资源环境净效益	$\varphi_{yi} + (\delta INC_{yi} + \delta RCL_{yi})$	$-\varphi_{yj} - (\delta INC_{yj} + \delta RCL_{yj})$

即贸易关系 $r(i,j)$ 的存在，给金属废碎料出口国家（地区）i 带来实际资源环境净效益为 $[\varphi_{yi} + (\delta LF_{yi} + \delta INC_{yi} + \delta RCL_{yi})]$，给进口国家（地区）$j$ 带来实际资源环境总净效益为 $[-\varphi_{yj} - (\delta LF_{yj} + \delta INC_{yj} + \delta RCL_{yj})]$。

根据前述对金属资源产品生产的生命周期环境影响核算系统边界的设定，本节对战略性金属资源产品贸易的资源环境净效益的分析中，仅考虑产品的生产制造环节，不考虑其后续在进口国的使用与报废。因此，其对进口国的金属资源的补充所带来的资源效益不予考虑；在金属废料的核算中，仅考虑废料的处理处置环节，不考虑上游产品自原料到产品、再到使用的环节。也不考虑经循环化处理后所产出的再生金属的后续生产和使用环节，因此，再生金属对金属废料进口国金属资源的补充所带来的资源效益也不予考虑。

在数据来源的选取上，应用 GaBi 数据库输出结果中"Environmental cost of air emissions"这一指标作为各国贸易带来的环境成本，按2018年平均欧元与美元转换汇率为1.18进行转换计算[①]；在计算资源机会成本时，贸易给各国带来的资源效益应用 UN Comtrade 中的"Value"指标表示。

5.1.2　不确定性分析

根据前述对资源环境净效益的定义，不确定性的主要来源包括生命周期环境影响的不确定性和各金属资源产品贸易量的不确定性。在对生命周期环境影响的不确定性分析中，本研究重点分析原始数据的不确定性和对区域赋值的不确定性。原始数据的不确定度采用 Ecoinvent 数据库[286]提供的基本不确定度来源及相应的谱系矩阵进行核算，区域赋值的不确定度通过对谱系矩阵中地理代表性的不确定度进行调整，从而形成各资源产品的贸易国（地区）生命周期环境影响的整体不确定度；

① 数据来源为欧洲中央银行（European Central Bank）公布的汇率统计数据。https://www.ecb.europa.eu/stats/policy_and_exchange_rates/euro_reference_exchange_rates/html/eurofxref-graph-usd.en.html.

贸易量的不确定性主要来自谱系矩阵的核算方法不确定性,根据 UN Comtrade 提供的贸易数据"Flag"数据项中分别通过0表示"无估算",2表示"仅数量估算",4表示"仅重量估算",6表示"数量与重量估算",参考环境影响数据来源可靠性的不确定度定义贸易量的不确定性。各国家或地区各类别金属资源产品生产主要工艺生命周期环境影响原始数据不确定度设置如表5.7所示[286]。

表5.7 生命周期环境影响原始数据不确定度

指标得分	1	2	3	4	5
数据来源可靠性	0	0.024	0.045	0.089	0.200
数据清单完整性	0	0.010	0.024	0.045	0.089
工艺技术代表性	0	0.024	0.089	0.200	0.346
时间相关性	0	0.014	0.045	0.089	0.200
空间相关性	0	0.005	0.010	0.024	0.045

本研究假设数据均服从对数正态分布,不确定度定义为对应正态分布下的标准差。应用拉丁超立方采样方法对具有不确定性的变量进行大样本采样1万次,进行不确定性分析。

5.1.3 环境公平性分析

本研究根据美国国家环境保护局对环境公平性的定义和联合国可持续发展目标10的具体目标设定,对 Prell 等[75]提出的标准化效率评估指标进行改进,定义国际贸易的环境不公平性指数(Trade Environmental Inequality Index,TEII)为各国贸易的资源环境净效益占比与该国人均 GDP 占比的比值,其中,资源环境净效益占比为该国贸易的实际资源环境净效益与全球资源环境净效益的比值,反映了该国相对于其他国家(地区)的环境保护程度;人均 GDP 占比为该国人均 GDP 与全球平均人均 GDP 的比值,反映了该国相对于其他国家的经济发展水平。可表示为

$$TEII_i = \frac{\dfrac{NV_i}{\overline{NV}}}{\dfrac{GDP_i}{\overline{GDP}}} \qquad (5-1)$$

式中,$TEII_i$ 为国家(地区)i 的贸易环境不公平性指数;NV_i 为其贸易产生的实际资源环境净效益;$\overline{GDP_i}$ 为其当年人均 GDP;$\overline{NV}$ 为贸易带来的全球资源环境净效

益；$\overline{GDP}$ 为当年的全球人均 GDP。

各国（地区）贸易产生的实际资源环境净效益由成本-效益分析得到，各国人均 GDP 根据世界银行、国际货币基金组织、经济合作与发展组织等机构发布的2018年或最接近年份的各国国内生产总值（按现价美元计算）以及总人口数据计算得到。

当 $TEII_i = 0$ 时，说明该国（地区）在贸易中产生的资源效益可以完全弥补贸易带来的环境成本，是具有环境公平性的；当 $TEII_i = 1$ 时，说明该国（地区）在贸易中所得到的环境保障程度与该国的经济发展水平是相匹配的，具有环境公平性；当 $0 < TEII_i < 1$ 时，说明该国（地区）在贸易中所获得的环境保障程度与经济发展水平是不相匹配的，存在环境不公平性，且值越小，不公平性越大；当 $TEII_i > 1$ 时，该国（地区）在贸易中所获得的环境保障程度与经济发展水平是不相匹配的，存在环境不公平性，且值越大，不公平性越大。

由于贸易对全球各国（地区）所带来的实际资源环境净效益可能出现负值，因此，当各国（地区）资源环境净效益与全球资源环境净效益符号相反时，$TEII_i$ 可能会出现负值的情况。当 $TEII_i < 0$ 时，说明该国（地区）在贸易中所得到的环境与健康保障程度与其他国家（地区）存在较大差异，不公平性较大，且值越小，不公平性越大。

但需要说明的是，环境公平性仅能反映不同经济发展水平的国家（地区）在贸易中所获得的环境保障程度是否与经济发展水平相匹配以及匹配程度。普遍意义上的高经济发展水平国家（地区）承担低额外环境成本以及低经济发展水平国家（地区）承担高额外环境成本，均体现了环境不公平性。因此，尽管本研究提出了对环境不公平性指标的改进，但依然需通过对不同经济发展水平国家（地区）的资源环境净效益进行对比分析，说明环境不公平性的具体存在形式。

5.1.4 情景分析

在当前世界各主要经济体新兴制造业调整转型，以及后新冠疫情时代的绿色复苏需求的趋势下，根据未来国际制造业发展的主要方向，设定3个未来发展情景，包括绿色发展与气候目标政策情景（ENV）、产业链转移重构情景（IND）、新兴制造业发展政策情景（EMG）。由于本节对政策情景设定与分析的目的在于识别各政策对贸易的环境公平性的影响，因此，选取所有政策措施中所设定的目标的最终状态，即目标完全达成，或按当前已形成的某些趋势，分析各参数的变动将对基准年

（2018年）金属贸易的环境公平性带来的变化情况。

具体的情景设置如下：

（1）绿色发展与气候目标政策情景（ENV）

在本情景的设定中，主要包括3个方面：

① 削减由于生产工艺技术水平导致的污染排放。

这一政策措施的主要政策依据：欧洲绿色新政实施路线图的"无毒环境零污染"的目标，以及作为全球"领导者"对非洲地区实施的"绿色新政外交"等政策；我国"无废城市"的建设目标，《大气污染防治行动计划》《水污染防治行动计划》等对污染物的防治政策，以及中非合作七大工程中的生态环保合作政策等。设定在本情景下，发达国家（地区）的战略性金属资源产品生产工艺技术环境影响下降90%，我国下降50%，其他发展中国家（地区）下降30%，最不发达国家（地区）下降20%。

② 削减由于上游能源产品消耗造成的温室气体排放。

在第3章对各产品生产与废料处理处置工艺技术的环境影响潜值分析中，全球变暖潜值的占比不高，温室气体排放主要由于上游能源产品消耗产生。因此，本情景仅对上游能源产品的温室气体排放水平进行设定。根据巴黎气候变化大会后各缔约国《联合国气候变化框架公约》秘书处提交的国家自主贡献目标[①]，分别设定上游能源产品的温室气体减排水平为：发达国家（地区）平均减排50%，发展中国家（地区）平均减排20%，最不发达国家（地区）平均减排10%。

③ 减少或禁止金属废料进口。

随着我国对固体废弃物进口管理的政策逐步完善，包括洋垃圾禁止进口政策、《进口废物管理目录》等的出台，对铜废碎料和铝废碎料的进口实施进口许可证管理制度，从而限制进口；对进口金属废料的品位、杂质含量等要求也日趋严格。在我国对欧美发达国家（地区）出口的洋垃圾禁止进口后，东南亚的一些国家（地区）如印度尼西亚等成为发达国家（地区）的主要废料出口国。尽管一些国家（地区）也出台了相应的禁止进口政策，但目前主要集中于对塑料垃圾的禁令，一些金属原材料相对稀缺且经济水平不高的国家（地区），如印度等，目前尚未对欧美国家（地区）出口的金属废料所带来的环境影响予以足够的重视，甚至会出于国家自身发展的原材料需求，保留金属废料的进口。

---

① 综合考虑 UNFCCC 秘书处网站：https://www4.unfccc.int/sites/NDCStaging/Pages/All.aspx 对应国家提交的减排目标进行设定。

对比2019年和2020年铜铝废料上半年进口量的同比变化情况，如表5.8所示。

表5.8　2019—2020年铜铝废料进口量同比变化情况

	2019年	2020年1—6月
废铜	−38.4%	−49.6%
废铝	−10.9%	−53.9%

注：根据工业和信息化部原材料工业司和海关总署发布数据整理。

基于上述分析以及我国铜铝废料的进口量同比变化情况，在本情景中，设定中国的废铜、废铝进口量平均减少50%，亚洲其他主要废铜、废铝进口国家（地区）以及非洲主要进口国家（地区）的进口量平均减少10%。

（2）全球产业链转移重构（IND）

在本情景的设定中，主要考虑发达国家（地区）采取削减后疫情时代的全球化程度与转移全球产业链加工制造环节的政策措施。

2020年的新冠疫情对国际贸易带来较大的冲击。一些发达国家（地区）意识到全球化所带来的产业链依赖性，提出"反全球化"的观点，以保障本国（地区）社会经济的正常运行与发展；同时，新冠疫情也加速了发达国家（地区）对全球产业链"去中国化"的进程，一些大型企业陆续将产品的加工制造环节从中国撤出，转移至印度、马来西亚等东南亚国家（地区）。

在本情景中，基于2020年上半年，即新冠疫情期间，UN Comtrade 发布的金属资源的国际贸易变动情况，设定在战略性金属资源产品的贸易中，所有国家（地区）的贸易规模下降20%；根据新冠疫情期间我国具有出口规模优势的金属资源产品贸易变化情况，考虑国际上美国、欧洲、日本等发达国家和地区的"去中国化"情景，设定中国具有较高出口优势的战略性金属资源产品，包括铝材、锂产品、稀土金属及合金和稀土材料，均全部转移至印度、马来西亚等国进行生产出口。

（3）新兴制造业发展政策情景（EMG）

未来世界主要经济体将加速在新兴制造业领域的发展，以中国、美国、日本、韩国为首的主要经济体国家在近年来先后发布针对新兴制造业与新兴基础设施建设的政策规划目标，结合各国战略性金属资源产品的贸易趋势，对具体的情景设置如表5.9所示。

表5.9　新兴制造业发展政策情景参数设置

国家	政策	参数设置
中国	"两新一重"政策目标	• 稀土化合物进口增加90%； • 锂化合物增加80%； • 铜铝资源原材料产品平均增加90%
美国	"高端制造业领导地位战略"	• 稀土化合物进口增加15%，稀土金属增加5%； • 锂化合物增加60%； • 铜资源原材料产品增加15%； • 铝材增加40%，其他铝资源原材料产品下降15%
日本	"新兴产业结构愿景"	• 稀土化合物进口增加20%，稀土金属增加30%； • 锂化合物增加80%； • 铜铝原材料产品平均下降10%
韩国	"制造业复兴愿景"	• 稀土资源产品进口平均增加30%； • 锂化合物增加80%； • 铜资源产品平均增加20%； • 铝资源产品平均增加30%

5.2　成本-效益分析结果

对战略性金属资源产品贸易对全球带来的实际资源效益、实际环境效益以及实际资源环境净效益进行核算，分析结果如图5.1所示。对各类别产品贸易对全球及其网络中关键节点国家（地区）的资源环境净效益分析结果将在本节后续内容中分别进行展开说明，对全球资源环境净效益的不确定性分析结果将在5.3节中予以展示。

5.2.1　稀土资源产品

在全球尺度上，如图5.1所示，稀土金属及合金2018年的贸易带来了实际资源环境净效益，约为49亿美元，其中实际资源效益约为-1亿美元，实际环境成本约为-50亿美元；稀土化合物2018年的贸易给全球带来了实际资源环境净效益的显著增加，约为46亿美元，其中实际资源效益约为0.2亿美元，实际环境成本约为-46亿美元；稀土材料2018年的贸易并未带来全球实际资源环境净效益的增加，实际资源环境净效益约为-12亿美元，其中，实际资源效益约为2亿美元，实际环境成本约为13亿美元。

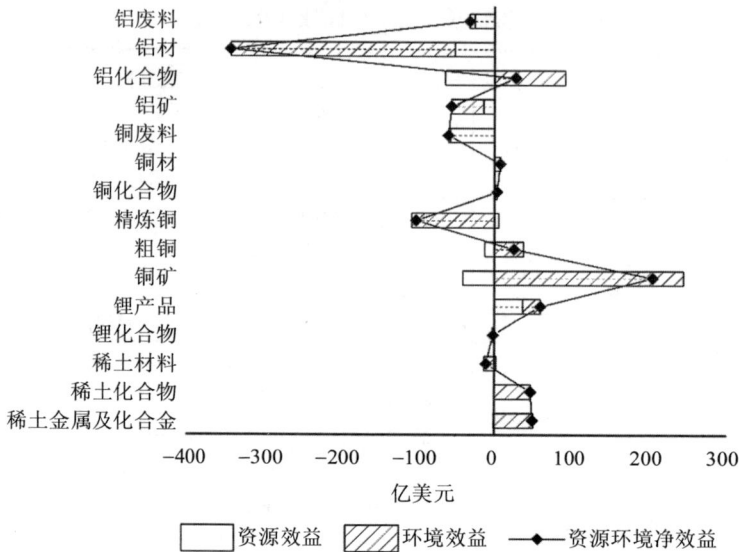

图5.1　战略性金属资源产品贸易的成本效益分析结果

根据4.2节中筛选得到的影响贸易环境不公平性的关键节点国家（地区）清单，对其2018年稀土资源产品贸易的实际资源效益、实际环境效益以及实际资源环境净效益进行分析，结果如图5.2所示。

图5.2（a）表明，稀土金属及合金的贸易使美国、德国、比利时等的实际资源环境净效益显著增加，而中国、加拿大、法国、奥地利等国家（地区）则付出了额外的环境成本。中国作为稀土金属及合金最为主要的出口国家（地区），尽管占95%的出口量，但其所带来的资源效益远小于环境影响的治理成本。图5.2（b）表明，稀土化合物的国际贸易带来了越南、中国、缅甸、马来西亚等的实际资源环境净效益显著增加，而俄罗斯、美国、泰国、巴西等国家（地区）则承担了额外的环境成本。对于俄罗斯、美国、缅甸、中国、越南等国家，环境成本是资源环境净效益的主要影响因素；中国的稀土化合物为净进口，带来资源和环境双重效益；马来西亚的稀土化合物为净出口，其资源效益大于环境成本。图5.2（c）表明，在稀土材料贸易网络的关键节点国家（地区）中，印度的实际资源环境净效益显著增加，而中国、德国、马来西亚等国家承担了额外的环境成本。环境成本是中国和印度贸易资源环境净效益的主要影响因素，德国等发达国家（地区）则由于较高的技术水平和严格的环境标准，以及掌握了稀土产品的国际定价权，所获得的资源效益远高于其环境成本。

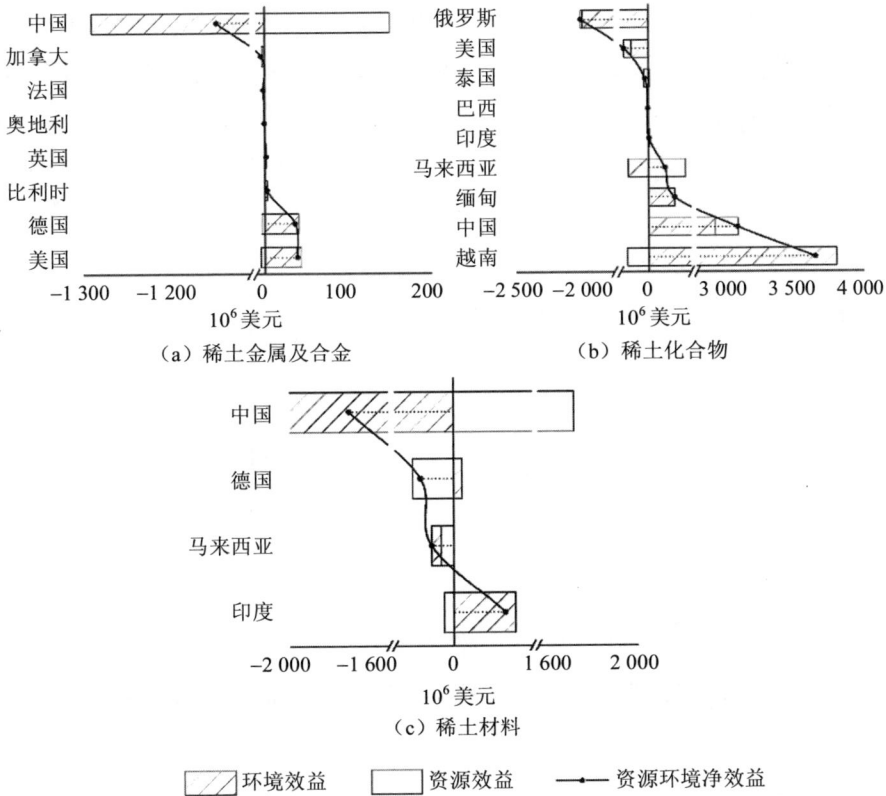

（a）稀土金属及合金

（b）稀土化合物

（c）稀土材料

▨▨ 环境效益　　□□ 资源效益　　—●— 资源环境净效益

图5.2　稀土资源产品贸易关键节点国家（地区）的成本效益分析

5.2.2　锂资源产品

在全球尺度上，如图5.1所示，2018年锂化合物的贸易并未带来全球实际资源环境净效益的增加，实际资源环境净效益约为-1.8亿美元，实际资源效益约为0.7亿美元，实际环境成本约为2.5亿美元；2018年锂产品的国际贸易中，带来了全球实际资源环境净效益的显著增加，约为60亿美元，其中，实际资源效益约为37亿美元，实际环境成本约为-23亿美元。

根据4.3节中筛选得到的影响锂资源产品贸易环境不公平性的关键节点国家（地区）清单，对2018年贸易中各国的实际资源效益、实际环境效益以及实际资源环境净效益进行分析，结果如图5.3所示。

图5.3（a）表明，锂化合物贸易环境隐含流网络中的关键节点国家（地区），

99

如中国、美国、俄罗斯、荷兰、比利时、德国在2018年的贸易中，实际资源环境净
效益显著增加，且实际资源效益远大于环境成本，是影响资源环境净效益的主要因
素。图5.3（b）表明，中国、德国、美国、新加坡资源环境净效益显著增加，中国
和新加坡的资源效益显著大于环境成本，而美国和德国的实际资源环境净效益则主
要由环境成本决定。

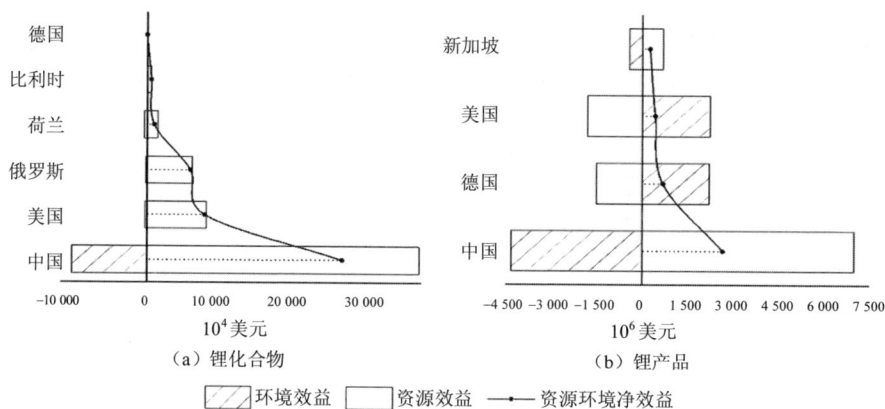

（a）锂化合物　　　　　　　　　　　（b）锂产品

环境效益　　　资源效益　　　资源环境净效益

图5.3　锂资源产品贸易关键节点国家（地区）的成本效益分析

5.2.3　铜资源产品

在全球尺度上，如图5.1所示，2018年铜矿的贸易带来了实际资源环境净效益
的显著增加，约为170亿美元。其中，实际资源效益约为-8亿美元，实际环境成本
约为-178亿美元；粗铜的贸易中，实际资源环境净效益约为25亿美元，实际资源效
益约为-12亿美元，实际环境成本约为-37亿美元；精炼铜的贸易带来了额外的环境
成本，实际资源环境净效益约为-74亿美元。其中，实际资源效益约为-20亿美元，
实际环境成本约为54亿美元；铜化合物贸易并未带来实际资源环境净效益的增加，
约为-0.5亿美元，实际资源效益约为2亿美元，实际环境成本约为2.5亿美元；铜材
的国际贸易带来的实际资源环境净效益约为7亿美元，实际资源效益约为8亿美元，
实际环境成本约为1亿美元；铜废料的国际贸易产生了较大的额外环境成本，共约
64亿美元，其中，实际资源效益约为-61亿美元，实际环境成本约为3亿美元。

由于4.4节中筛选得到的影响铜资源产品贸易环境不公平性的关键节点国家
（地区）主要集中于发达国家（地区），而在实际的贸易环境隐含流网络中，发展中

国家（地区）承担了主要的环境成本，因此，根据4.4节中对度分布的分析，选取主要的节点国家（地区），并对2018年贸易中各国的实际资源效益、实际环境效益以及实际资源环境净效益进行分析，结果如图5.4所示。

图5.4（a）表明，在铜矿的国际贸易中，智利、中国、秘鲁、美国的实际资源环境净效益显著增加，而哈萨克斯坦、德国、西班牙、南非、印度尼西亚的实际资源环境净效益减小，承担了额外的环境成本。智利和秘鲁的资源效益是资源环境净效益的主要来源；中国是铜矿贸易中环境效益最大的国家，即对铜矿大量进口转移到国外的环境影响较大，尽管进口带来的资源效益减少，但中国的铜矿贸易是具有较大资源环境净效益的；尽管秘鲁的铜矿出口伴随较大的环境影响流入本国，环境成本最大，但也带来更大的资源效益。

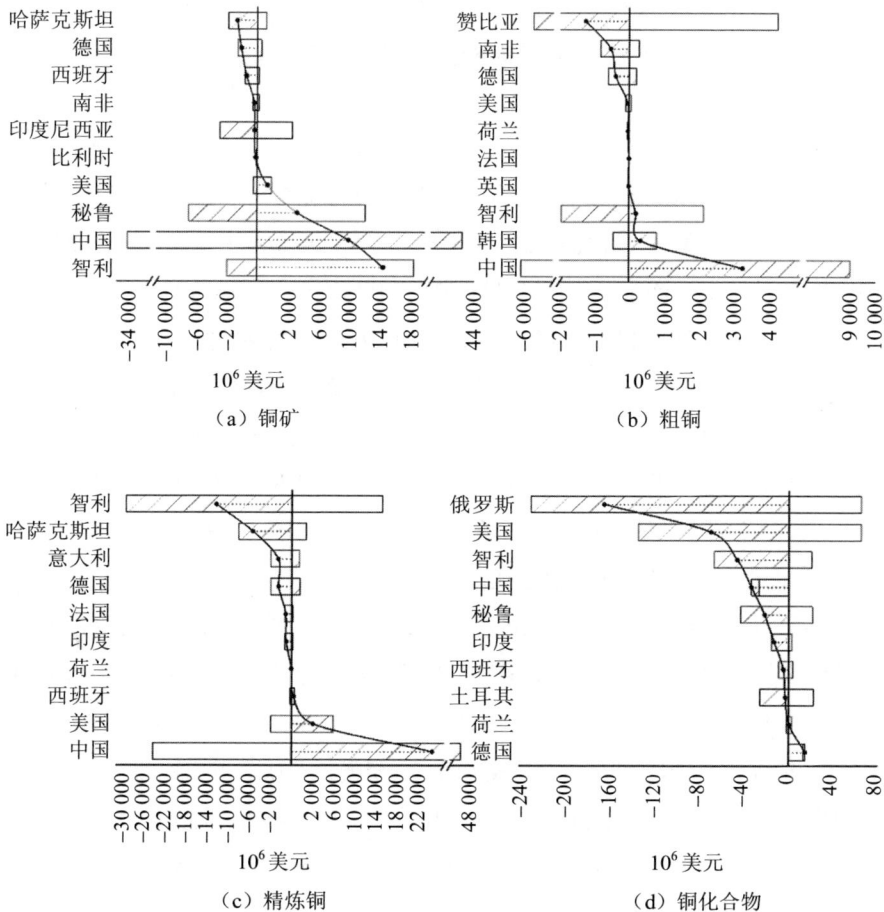

（a）铜矿

（b）粗铜

（c）精炼铜

（d）铜化合物

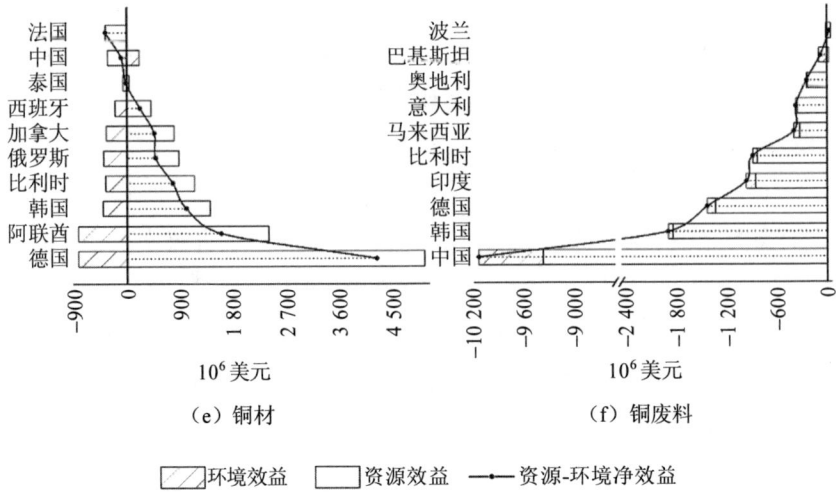

图5.4 铜资源产品贸易主要国家的成本效益分析

图5.4（b）表明，在粗铜的国际贸易中，中国、韩国、智利的实际资源环境净效益增加，赞比亚、南非、德国则承担了额外的环境成本。中国由于大量进口粗铜，环境影响的出口量最大，环境效益远大于其所带来的资源成本；赞比亚作为最主要的粗铜出口国，其生产带来的环境成本远大于其所产生的资源效益。

图5.4（c）表明，在精炼铜的国际贸易中，中国和美国的实际资源环境净效益增加，智利、哈萨克斯坦、意大利、德国的实际资源环境净效益减小。智利和哈萨克斯坦由于出口精炼铜带来的环境成本输入大于其所产生的资源效益，中国和韩国因进口精炼铜而输出的环境影响所形成的环境效益大于所支付的资源成本，环境成本或效益在3个国家的资源环境净效益中影响较大；德国和智利由贸易带来的资源效益或成本对净效益的影响起决定性作用。

图5.4（d）表明，在铜化合物的国际贸易中，仅德国的实际资源环境净效益增加，俄罗斯、美国、智利、中国、秘鲁、印度、西班牙的实际资源环境净效益均减小。在实际资源环境净效益中，大部分国家（地区）主要由实际环境成本决定，即实际资源效益远小于环境成本，中国和德国的资源效益或成本影响更大。

图5.4（e）表明，在铜材的国际贸易中，德国、阿联酋、韩国、比利时、俄罗斯、加拿大、西班牙的实际资源环境净效益增加，法国、中国、泰国的实际资源环境净效益减小。几乎所有国家（地区）的实际资源环境净效益受实际资源效益或成

本的影响更大,即实际资源效益远大于环境成本。

图5.4(f)表明,在铜废料的国际贸易中,除波兰外,其他所有国家(地区)的实际资源环境净效益减小。进口铜废料既带来资源成本也带来环境影响,且资源成本的影响更大。

5.2.4 铝资源产品

铝资源产品贸易给全球带来了较大的额外环境成本,如图5.1所示,仅铝化合物的国际贸易就带来了显著的资源环境净效益,实际资源环境净效益约为26亿美元,其中,实际资源效益约为–65亿美元,实际环境成本约为–91亿美元。铝矿、铝材和铝废料的国际贸易均产生了额外的环境成本。铝矿贸易产生的实际资源环境净效益约为–58亿美元,铝材贸易的实际资源环境净效益约为–329亿美元,铝废料贸易的实际资源环境净效益约为–32亿美元。

与铜资源产品类似,在4.5节筛选得到的铝资源产品贸易的环境隐含流网络关键节点国家(地区)清单并不能较好体现资源环境净效益的分布情况,因此结合度分布的结果,对主要国家(地区)2018年贸易产生的实际资源效益、实际环境效益以及实际资源环境净效益进行分析,结果如图5.5所示。

图5.5(a)表明,铝矿的国际贸易使中国和美国的实际资源环境净效益显著增加,而几内亚、澳大利亚、印度尼西亚、巴西、印度的实际资源环境净效益减小。几乎所有的关键节点国家(地区)资源环境净效益受环境成本或效益的影响更大。

图5.5(b)表明,在印度和德国在铝化合物的国际贸易中,实际资源环境净效益显著增加,巴西、澳大利亚、乌克兰、中国、哈萨克斯坦、加拿大、印度尼西亚则承担了额外的环境成本。除加拿大和美国外,其他关键节点国家(地区)的环境成本或效益对整体资源环境净效益的影响更大。

图5.5(c)表明,在铝材的国际贸易中,德国、加拿大、西班牙的实际资源环境净效益增加,中国、阿联酋、澳大利亚、印度、俄罗斯、南非的实际资源环境净效益减小。加拿大的基础铝材出口带来的资源效益大于其生产铝材产生的环境成本;其他关键节点国家(地区)的环境成本或效益对总资源环境净效益的作用更大。

图5.5(d)表明,在铝废料的国际贸易中,仅德国的实际资源环境净效益增加,以中国为首的一些亚洲铝废料进口国家(地区)的实际资源环境净效益减小。铝废料的进口所支付的成本大于进口国处理处置铝废料的环境成本,而对于如德国等出

103

口国，则既获得了出口效益，又免去处理处置铝废料带来的治理成本。

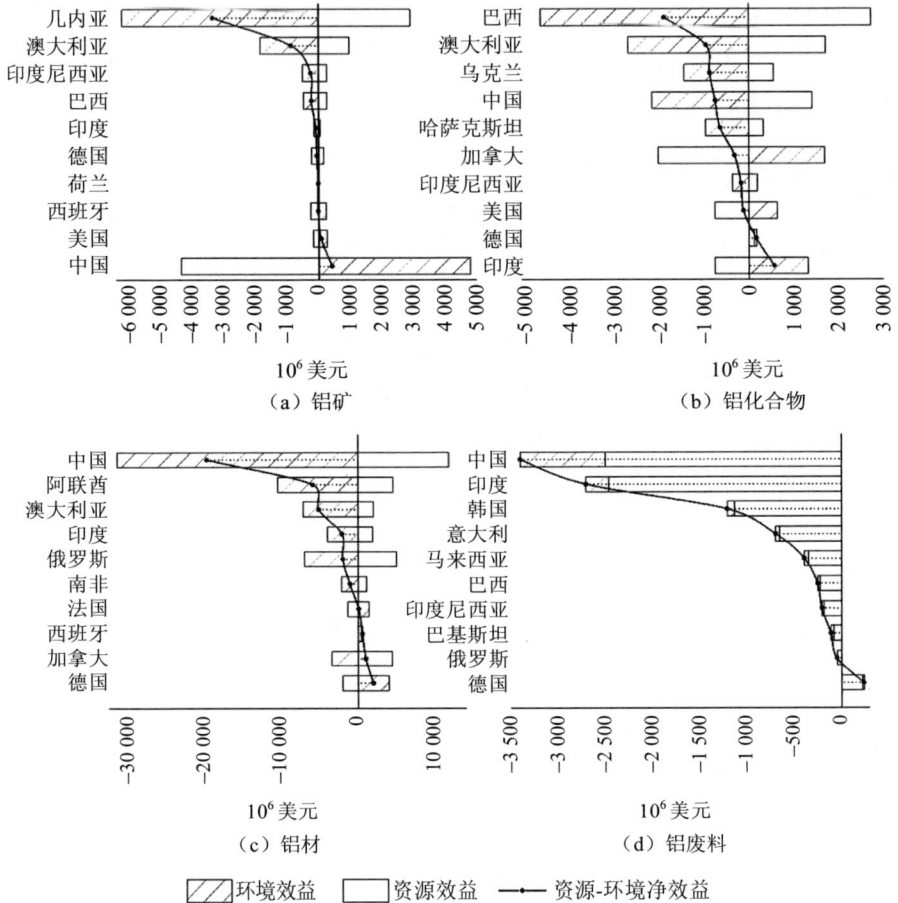

（a）铝矿

（b）铝化合物

（c）铝材

（d）铝废料

◢◢◢ 环境效益　　□ 资源效益　　—•— 资源-环境净效益

图5.5　铝资源产品贸易主要国家的成本（地区）效益分析

5.3　不确定性分析结果

对稀土资源产品贸易的实际资源环境净效益进行大样本采样，得到的结果如图5.6所示。在采样结果的概率分布中，100%的采样方案结果表明2018年的稀土金属及合金的国际贸易带来了全球实际资源环境净效益的显著增加；69%的采样方案结果表明稀土化合物的国际贸易带来了全球实际资源环境净效益的显著增加，研究所得结果具有较大的不确定性；86%的采样方案结果表明稀土材料的国际贸易带来了额外的环境成本，不确定性较小。

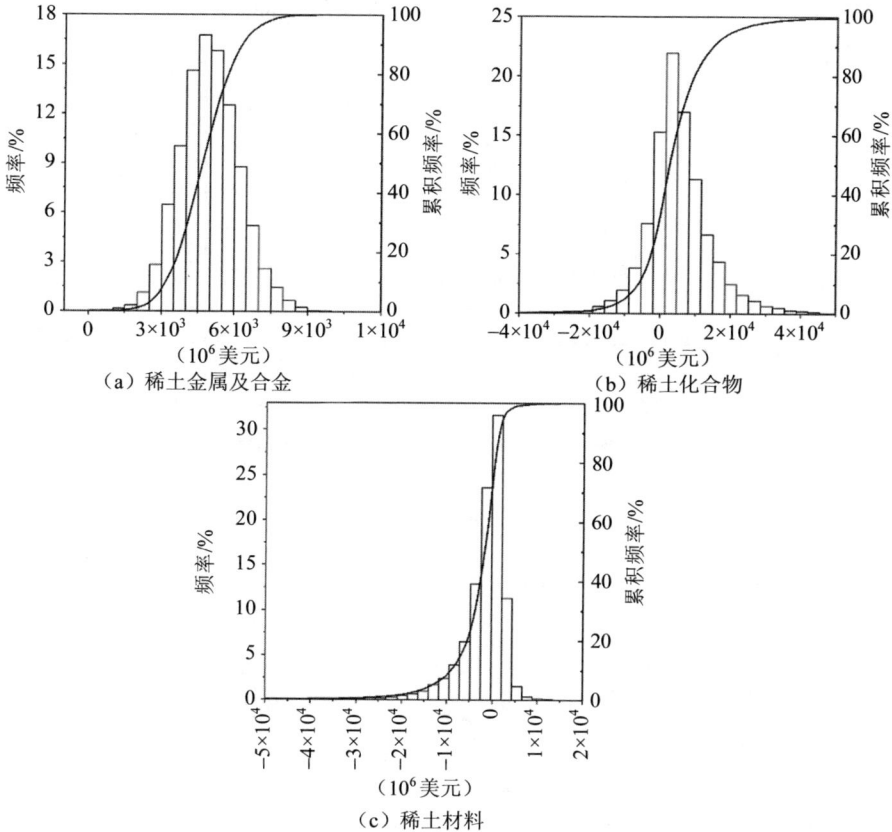

（a）稀土金属及合金

（b）稀土化合物

（c）稀土材料

图5.6　稀土资源产品贸易实际资源环境净效益概率分布

对锂资源产品贸易的实际资源环境净效益进行大样本采样，得到的结果如图5.7所示。采样结果的概率分布中，99%的采样方案结果表明2018年锂化合物的贸易带来了额外的环境成本，研究结论的确定性较高；而仅有38%的采样方案结果表明锂产品的贸易带来了显著的资源环境净效益，研究结果存在较大的不确定性。

在铜资源产品的贸易实际资源环境净效益的采样结果概率分布中（图5.8），100%的采样方案结果表明2018年的铜矿贸易带来了显著的资源环境净效益；85%的采样方案结果表明粗铜的贸易带来了显著的资源环境净效益，不确定性较小；仅有54%的采样方案结果表明精炼铜的贸易带来了额外的环境成本，研究结果具有较大的不确定性；仅有39%的采样方案结果表明铜化合物的贸易产生了显著的资源环境净效益，不确定性较

105

大；44%的采样方案结果表明铜材的贸易带来了资源环境净效益，研究结果的不确定性较大；100%的采样方案结果表明铜废料的贸易产生了额外的环境成本。

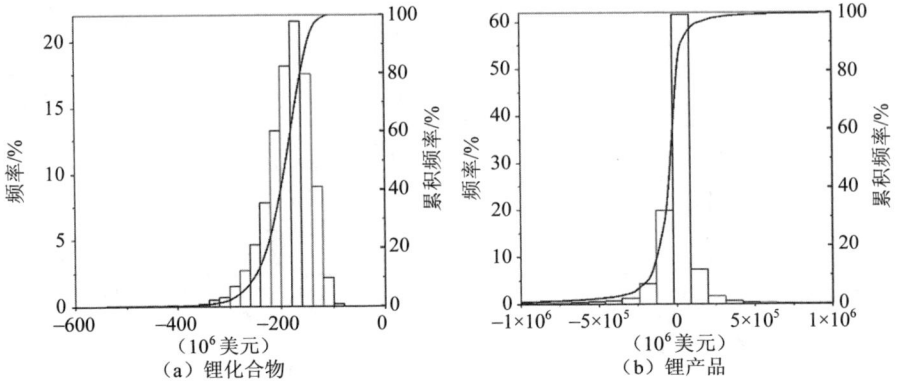

（a）锂化合物 （b）锂产品

图5.7 锂资源产品贸易实际资源环境净效益概率分布

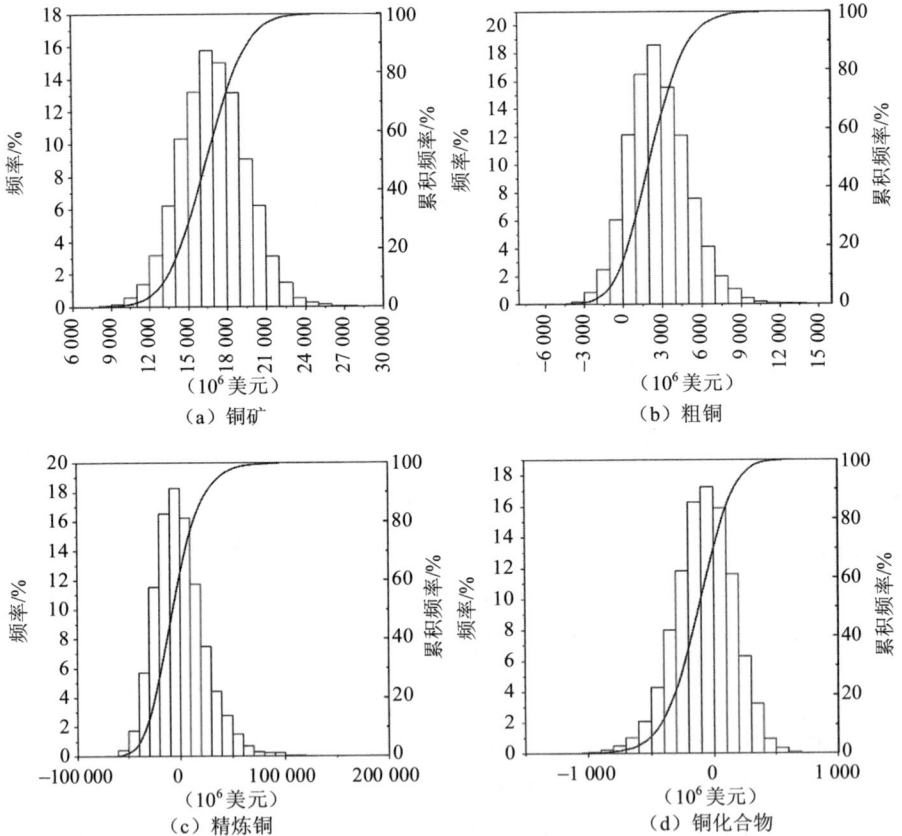

（a）铜矿 （b）粗铜

（c）精炼铜 （d）铜化合物

战略性金属资源国际贸易的全球环境影响及公平性评估

（e）铜材   （f）铜废料

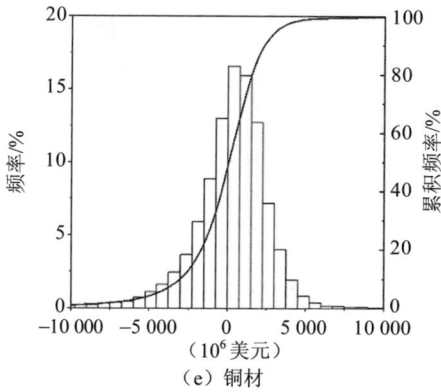

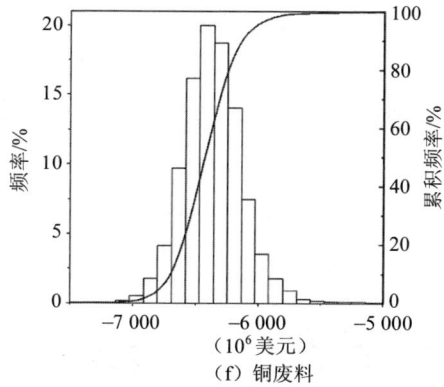

图5.8 铜资源产品贸易实际资源环境净效益概率分布

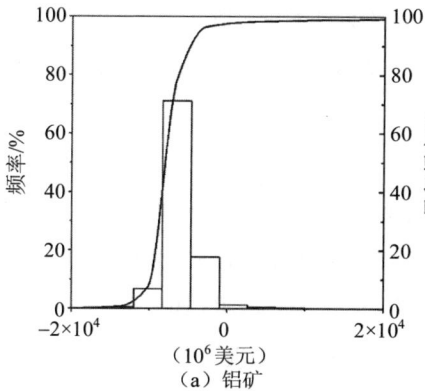

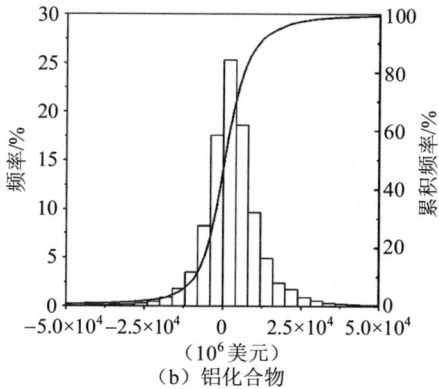

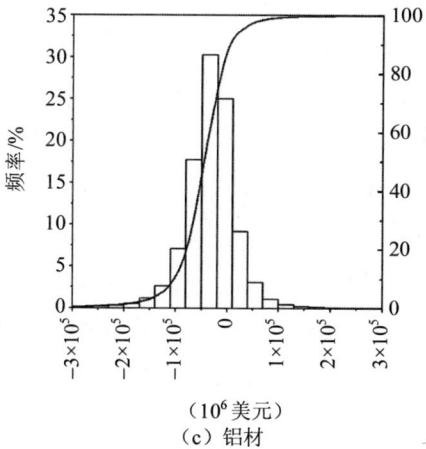

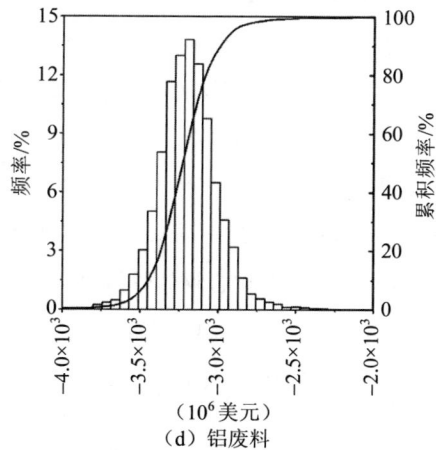

（a）铝矿   （b）铝化合物

（c）铝材   （d）铝废料

图5.9 铝资源产品贸易实际资源环境净效益概率分布

107

铝资源产品的贸易实际资源环境净效益的采样结果概率分布中（图5.9），96%的采样方案结果表明铝矿贸易带来了额外的环境成本，研究结果的不确定性较小；66%的采样方案结果表明铝化合物的贸易产生了显著的资源环境净效益，研究结果的不确定性较大；86%的采样方案结果表明铝材的贸易产生了额外的环境成本，具有一定的不确定性；100%的采样方案结果表明铝废料的贸易带来了额外的环境成本。

5.4　环境公平性分析结果

根据联合国对不同经济发展水平的国家分类标准[①]，将174个贸易国家（地区）分为发达国家（地区）、发展中国家（地区）、最不发达国家（地区），分别核算2018年不同国家（地区）类型15种战略性金属资源产品贸易的环境不公平性指数，如图5.10至图5.12所示。

在各图中，浅灰色调方块代表贸易的环境不公平性指数大于1。深灰色调方块代表贸易的环境不公平性指数小于1，且颜色越深，表示环境不公平性越大；白色方块指贸易的环境不公平性指数为0和1的情况，代表贸易存在环境公平性。

在发达国家（地区）的战略性金属资源产品贸易中，如图5.10所示，75%的贸易存在环境不公平性。选取环境不公平性在前10%的贸易发现，发达国家在锂资源产品、铜原材料产品、铜废料、铝矿、铝材、稀土资源产品的贸易中，环境不公平性较小。而在铜材和铝化合物贸易中，较多国家（地区）的环境不公平性较大，尤其是乌克兰在铝化合物的贸易中，环境不公平性指数达–1.76，环境不公平性最大。

在主要发展中国家（地区）的战略性金属资源产品贸易中，如图5.11所示，69%的贸易存在环境不公平性，且中国、印度等国家在各类产品的贸易中呈现了较高的环境不公平性。发展中国家（地区）的环境不公平性主要体现在粗铜、精炼铜、铜化合物、铜材、铝化合物的贸易中，且印度的铜材（TEII=–5.1）、铝废料（TEII=4.0）和稀土材料（TEII=–1.4）贸易，中国的锂化合物（TEII=–1.8）和精炼铜（TEII=–4.7）贸易，以及巴西的铝化合物（TEII=–1.9）贸易，均出现了显著的环境不公平性。

[①] 定义参考：https://unstats.un.org/unsd/methodology/m49/，最不发达国家在联合国的定义中也算作发展中国家，本研究将其单独列为一个类别，在发展中国家的类别中不予考虑。另为方便表达，下文中所有"发达国家""发展中国家""最不发达国家"均代指国家或地区。

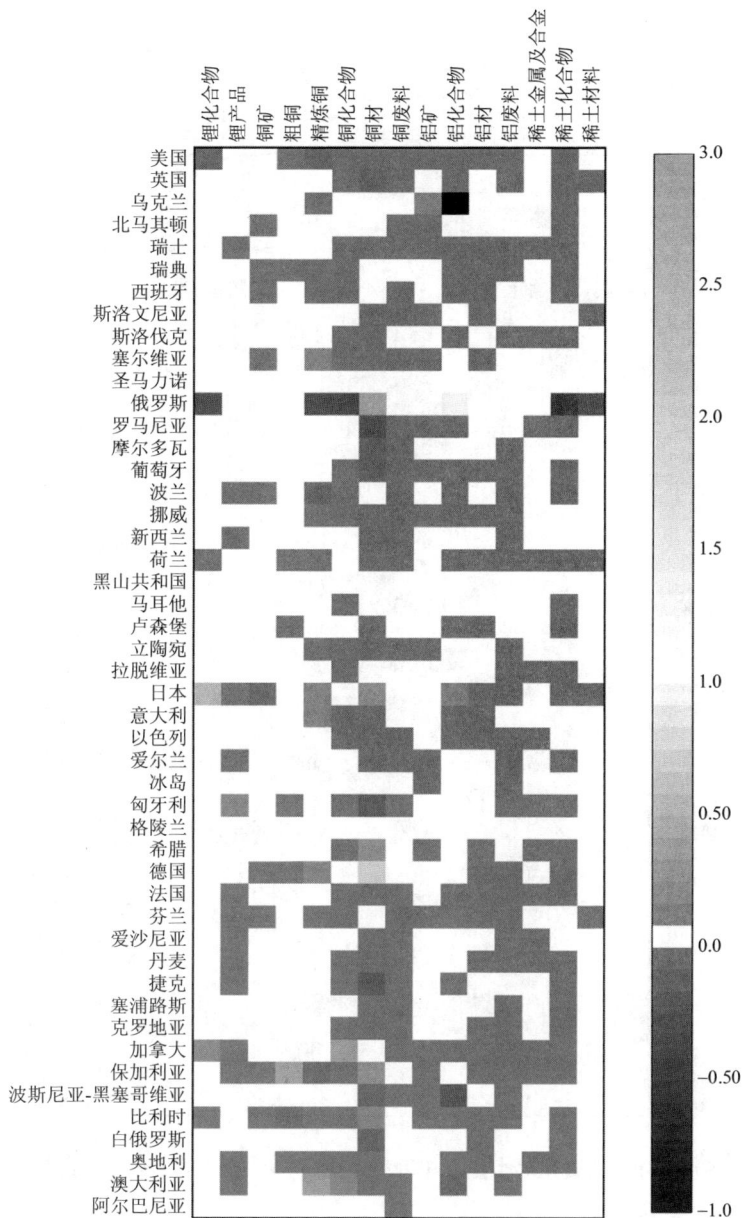

图5.10 发达国家（地区）国际贸易的环境不公平性指数

第 5 章 国际贸易的环境公平性评估与预测

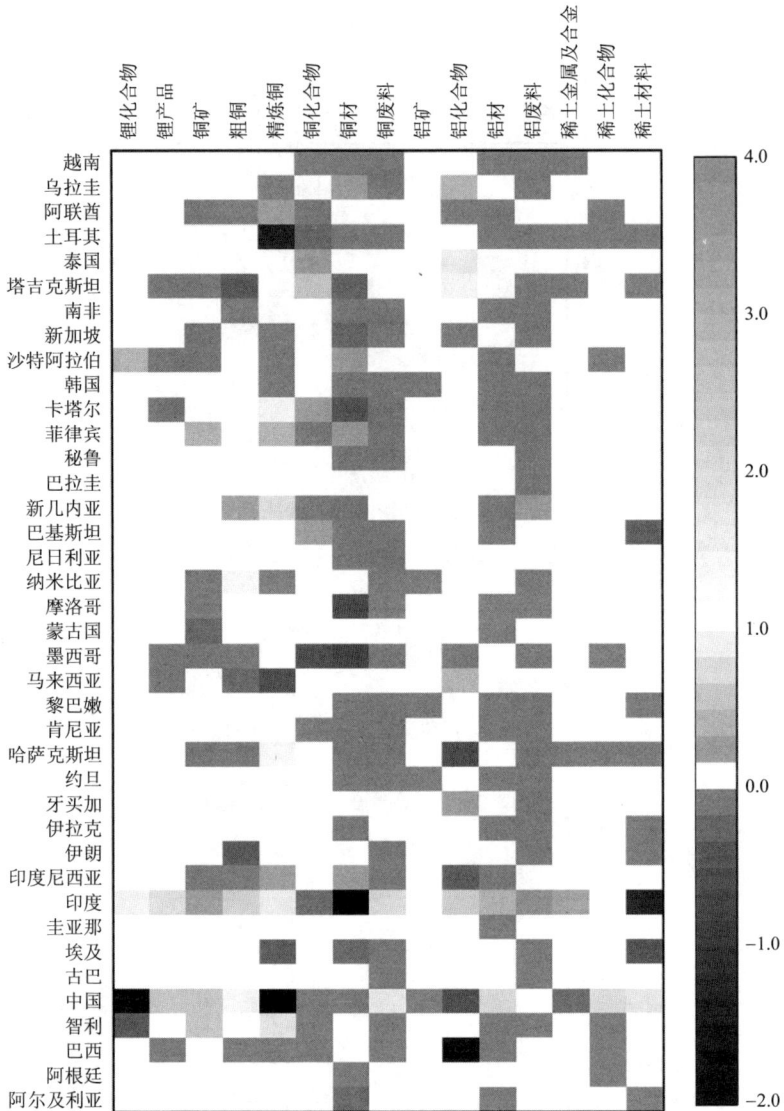

图5.11　主要发展中国家（地区）国际贸易的环境不公平性指数

　　在最不发达国家（地区）的战略性金属资源产品贸易中，如图5.12所示，25%的贸易存在环境不公平性，且环境不公平性显著体现在锂产品、精炼铜、铜化合物、铜材、铜废料、铝矿、铝材、铝废料的国际贸易中。其中，赞比亚的粗铜（TEII=-4.4）、精炼铜（TEII=5.2）、铜化合物（TEII=-4.4）贸易，缅甸的稀土材料（TEII=-1.8）

贸易，莫桑比克的铝化合物（TEII=3.8）、铝材（TEII=2.7）贸易，几内亚的铝矿（TEII=6.8）贸易，刚果（金）的粗铜（TEII=−1.3）和精炼铜（TEII=18.3）贸易，具有较高的环境不公平性。

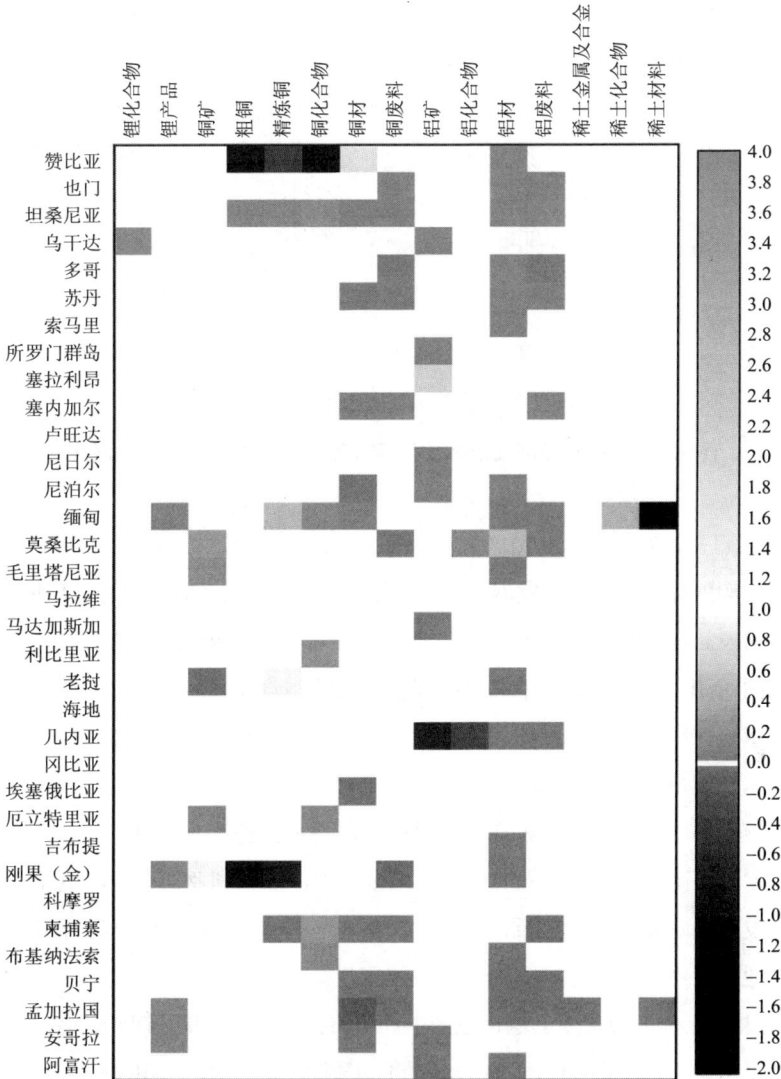

图5.12 最不发达国家（地区）国际贸易的环境不公平性指数

对3种类型国家（地区）的贸易环境不公平性指数进行综合对比分析发现，在整体上，环境不公平性呈现：最不发达国家＞发展中国家＞发达国家的规律。根据

5.2节的成本-效益分析结果，对发达国家、发展中国家和最不发达国家的实际资源环境净效益以及环境成本的具体分析结果如图5.13所示。

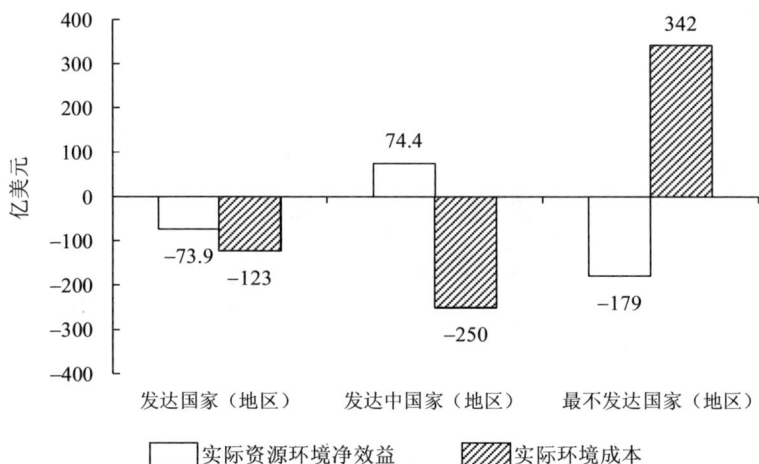

图5.13 不同经济发展水平国家（地区）的贸易成本效益分析

分析可知，发达国家（地区）在所有战略性金属资源产品的贸易中产生了73.9亿美元的额外环境成本，而发展中国家（地区）出现74.4亿美元的资源环境净效益，贸易带给发达国家的环境效益小于发展中国家。这一结果与在第2章中对贸易与环境关系的讨论，以及生态不平等交换理论不相符，即并未体现"发达国家通过贸易将环境影响转移至发展中国家和最不发达国家，以最小的环境代价获得最大的经济效益"这一规律。

对所有国家（地区）的各产品贸易资源环境净效益进行展开分析，分析结果详见附录C。对比分析可知，发达国家（地区）中，澳大利亚的资源环境净效益规律与其他发达国家整体规律相反，发展中国家（地区）中，中国的资源环境净效益规律与其他发展中国家（地区）的整体规律相反。

澳大利亚作为最主要的铜铝生产国和出口国，在精炼铜、铝矿、铝化合物和铝材的贸易网络中，如图4.19、图4.28、图4.29和图4.31所示，承担了较大的输入性环境影响，而由于其出口的铜铝产品均为附加价值不高的原材料产品，环境成本远大于资源效益，战略性金属资源的国际贸易产生了额外的环境成本。而中国是铜产品的主要进口国，铝化合物、铝材和稀土资源产品的主要出口国，在这些金属产品的贸易网络中，中国在铜产品的进口贸易中将环境影响转移至智利、秘鲁、赞比亚、阿联酋等原材料生产国，在铝化合物、铝材和稀土资源产品的出口贸易中承担了一定的输入性环境影响。但由于在贸易规模、金属价格等方面存在较大的差异，最终体现在整体金属产品的贸易中，产生了较大的资源环境净效益。

因此，需对联合国的国家分类进行调整，将不包含澳大利亚的发达国家定义为"发达国家*"，不包含中国的发展中国家定义为"发展中国家*"。调整后的发达国家*、发展中国家*和最不发达国家的贸易资源环境净效益与各类别国家的总 GDP 水平①对比分析如图5.14所示。

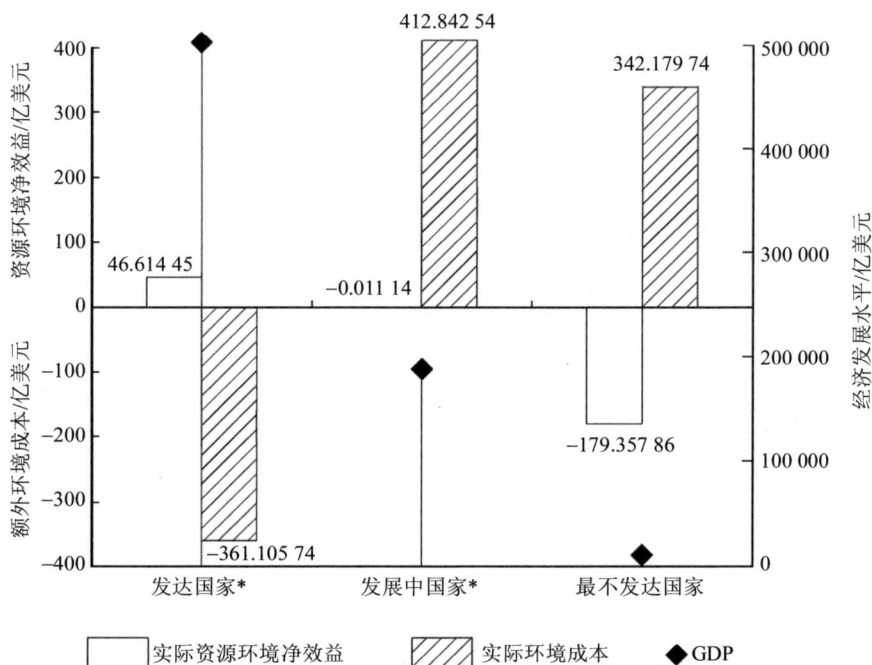

图5.14 调整后各类型国家（地区）贸易的资源环境净效益与 GDP 水平

结合前述对贸易环境不公平性指数的讨论，分析可知：总体上，所有类型国家（地区）的贸易对全球带来了额外的环境成本。其中，发达国家*的贸易环境不公平性体现在以最高的经济发展水平获得了最大的资源环境净效益，通过贸易支付资源成本有效规避了对自身带来的环境成本，且其支付的资源成本远小于所获得的环境

① 本研究应用世界银行、国际货币基金组织、经济合作与发展组织等机构发布的 2018 年或最接近年份的各国国内生产总值（按现价美元计算）。

效益，这说明，发达国家*并未在国际贸易中承担其应负的环境治理责任。而发展中国家*和最不发达国家的国际贸易均产生了额外的环境成本，这说明其通过贸易获取的资源效益并不能弥补资源生产带来的环境成本，仍需额外支付环境治理费用以削减贸易带来的环境影响。与发达国家*相比，发展中国家*和最不发达国家贸易的环境不公平性体现在以较低的经济发展水平承担了较高的额外环境成本。与最不发达国家相比，发展中国家*贸易的环境不公平性体现在以高于最不发达国家的经济发展水平，承担的额外环境成本远低于最不发达国家。

5.5 情景分析结果

根据前述所设定的各情景进行分析可知，总体上，在基准情景（BAU）下，全球战略性金属资源产品的贸易产生了额外的环境成本，共计179亿美元，ENV情景将增加57%的额外环境成本，IND 情景将减少35%的额外环境成本，而在 EMG情景下，国际贸易将带来100.9亿美元的资源环境净效益。

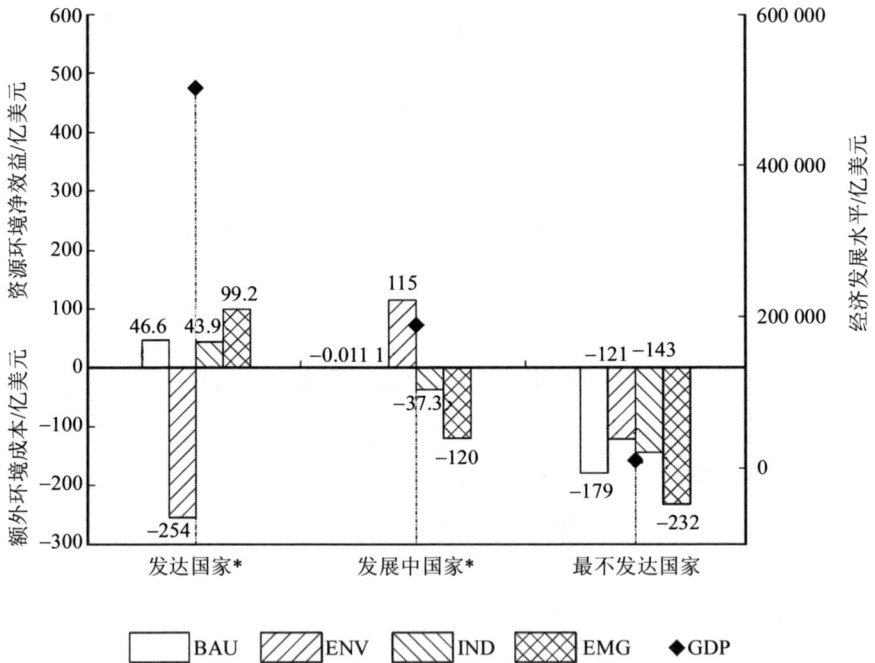

图5.15 各类别国家（地区）贸易的资源环境净效益情景分析

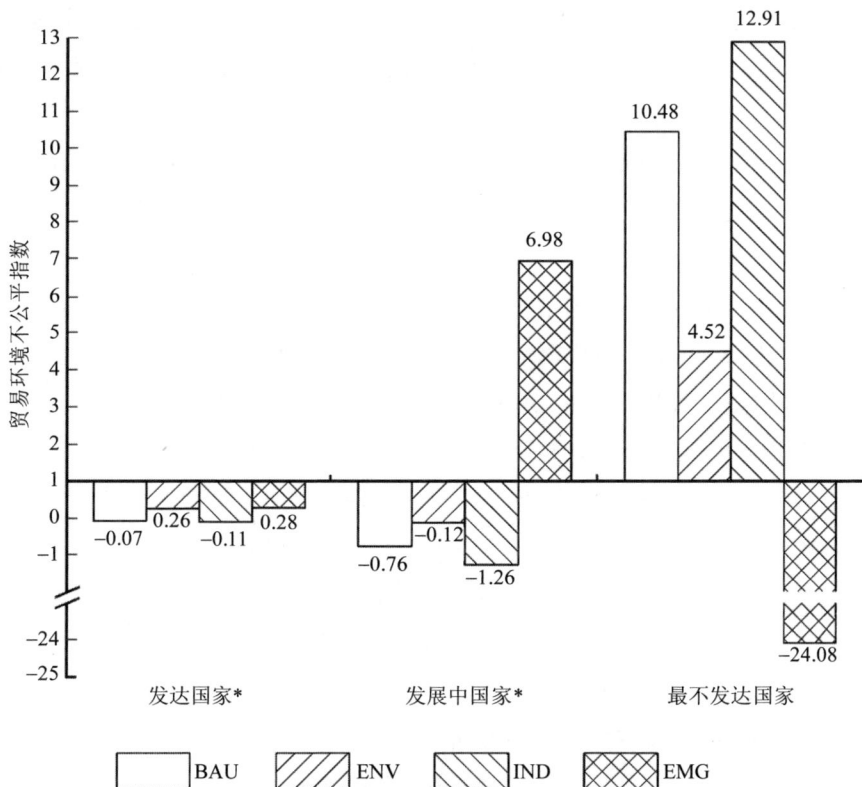

图5.16　各类别国家（地区）的贸易环境不公平性指数情景分析

对调整后的各类别国家（地区）在不同政策情景下，战略性金属资源产品贸易所带来的实际资源环境净效益分析，如图5.15所示，各类别国家（地区）在不同情景下贸易的环境不公平性变化情况，如图5.16所示，分析可知：

在 ENV 情景下，发达国家*将产生254亿美元的额外环境成本，发展中国家*将获得115亿美元的资源环境净效益，最不发达国家所承担的额外环境成本也将减少32%。结合该情景相对于基准情景贸易的环境不公平性指数的变化，所有类型国家（地区）的贸易环境不公平性均出现显著降低。这说明，发达国家*通过采取绿色发展与气候目标政策措施，有效承担了与其经济发展水平相匹配的贸易环境责任，发展中国家*与最不发达国家作为这一政策的直接受益国，其所承担的与经济发展水平不相匹配的额外环境治理投入降低，从而改善其贸易的环境不公平性，是"双赢"的政策选择。

在 IND 情景下，发达国家*贸易的资源环境净效益将下降6%，发展中国家*的额外环境成本将大幅增加，达37.3亿美元，最不发达国家的额外环境成本将下降20%，且所有类型国家（地区）的贸易环境不公平性均显著增加。这说明"反全球化"与"去中国化"的产业链转移与重构的政策措施一方面会使发达国家*在贸易中所获得的效益减少，另一方面会加剧贸易的全球环境不公平性，是"双输"的政策选择。

在 EMG 情景下，发达国家*贸易的资源环境净效益将提高113%，且贸易的环境不公平性显著减小；发展中国家*将产生大量的额外环境成本，高达120亿美元，贸易的环境不公平性显著提高；最不发达国家的额外环境成本将增加30%，贸易的环境不公平性也显著提高。这表明，以经济发展水平较高的主要经济体新兴制造业的发展将会导致对战略性金属资源产品的需求增加，进而加大从经济发展水平较低的发展中国家*与最不发达国家的资源进口，并向其转移更多的环境影响，而经济发展水平较低的国家（地区）往往应用低成本高污染的生产加工工艺技术和能源，从而带来更大的额外环境成本，加剧发展中国家*和最不发达国家的环境不公平性。

在不同的政策情景下，澳大利亚与中国战略性资源产品贸易的资源环境净效益和环境不公平性指数如图5.17和图5.18所示。

对于澳大利亚而言，ENV 情景将使其贸易产生76.6亿美元的资源环境净效益，但由于其经济发展水平较高，与之不相匹配的资源环境净效益加剧了贸易的环境不公平性；IND 情景下，贸易产生的额外环境成本将减少20%，对其环境不公平性的影响较小；EMG 情景将增加28%的额外环境成本，并加剧其贸易的环境不公平性。总体上，4种政策情景均不能有效改善澳大利亚贸易的环境不公平性。

在中国的战略性金属资源产品贸易中，ENV 情景将产生96.7亿美元的额外环境成本，承担与其经济发展水平相匹配的环境责任，显著改善贸易的环境不公平性；IND 情景将增加58%的资源环境净效益，加剧贸易的环境不公平性；EMG 情景下，贸易的资源环境净效益出现显著增加，增加约5.8倍，与此同时，也将加剧贸易的环境不公平性。

对不同国家（地区）类别各战略性金属资源产品贸易的实际资源环境净效益的情景分析结果，以及各国（地区）贸易环境不公平性指数的情景分析结果详见附录 D。

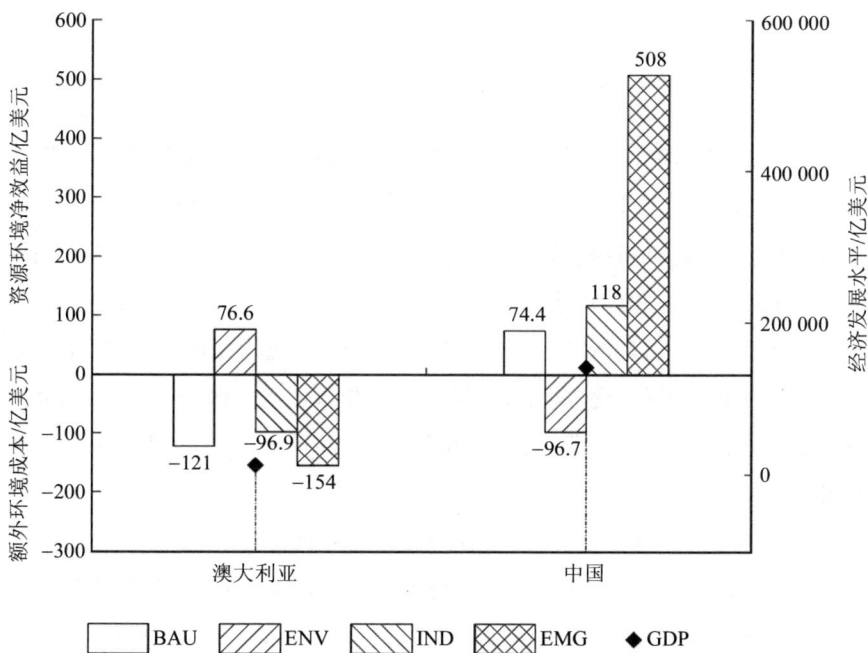

图5.17 澳大利亚与中国贸易的资源环境净效益情景分析

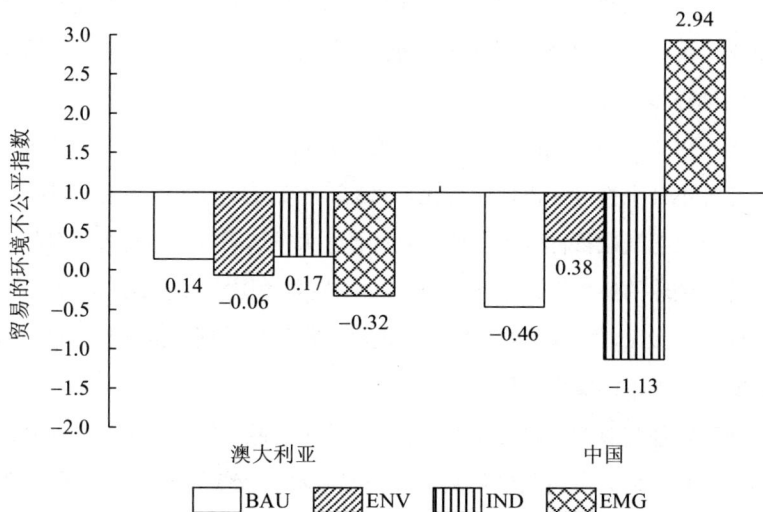

图5.18 澳大利亚与中国贸易的环境不公平性指数情景分析

5.6 小结

本章在第3章与第4章的基础上，借鉴了经济学中的"机会成本"概念，定义了贸易的实际资源效益与实际环境成本，并应用成本-效益分析的方法，核算了所有贸易国家的实际资源环境净效益。研究结果表明，稀土原材料产品、锂产品、铜矿、粗铜，以及铝化合物的国际贸易带来了较为显著的全球资源环境净效益。识别了各类别金属资源产品资源环境净效益的不确定性来源，通过大样本采样进行不确定性分析的结果表明，除稀土化合物、锂产品、精炼铜、铜化合物、铜材、铝化合物的研究结果不确定性较大外，其他金属资源产品贸易的资源环境净效益的分析结果基本是可靠的。

定义了基于成本效益分析的贸易的环境不公平性指数，改进了已有研究中对该指数定义与评估无法综合考虑经济发展水平的局限性。对各国贸易的环境不公平性指数的评估结果表明，所有国家（地区）的国际贸易中均存在环境不公平性，且最不发达国家的环境不公平性最大，发达国家的环境不公平性最小；环境不公平性主要体现在中下游高附加值产品以及金属废料的贸易中。除澳大利亚外，发达国家的贸易环境不公平性主要体现在以较高的经济发展水平承担了较低水平的额外环境成本，而经济发展水平较低的发展中国家，以及最不发达国家则承担了较高水平的额外环境成本。

最后，本章讨论了在未来国际制造业的发展趋势下，国际贸易对不同国家（地区）带来的环境不公平性可能出现的变化。对3个政策情景的分析结果表明：

（1）绿色发展与气候目标政策措施，主要通过由发达国家承担更多的环境治理成本有效改善了全球的环境不公平性。因此，对于发展中国家与最不发达国家而言，可通过加强与发达国家，尤其是欧洲国家（地区）在绿色发展上的合作，进一步改善贸易的环境不公平性，实现共赢。

（2）产业链转移与重构政策措施的实施，尽管可以减小发达国家对中国加工制造出口产品的依赖，但只是将其转移到了经济发展水平较低的国家（地区），加剧了全球的环境不公平性。因此，面临发达国家产业链重构，发展中国家与最不发达国家应有足够的警惕，在国际金属资源贸易博弈中加强对环境公平性的诉求。

（3）新兴制造业产业发展政策措施将通过产业链的传递效应增加不同经济发

水平国家（地区）之间的资源与环境影响转移，加剧全球的环境不公平性。针对这一可能出现的结果，主要经济体在未来发展新兴制造业时，应对经济发展水平较低的发展中国家和最不发达国家予以一定的技术与资金支持，承担与其经济发展水平以及经济效益相对应的环境责任。

第6章
结论与建议

6.1 结论

针对战略性金属资源国际贸易的全球环境影响与环境公平性评估,本研究以稀土、锂、铝、铜等四类战略性金属资源产品为研究对象,应用生命周期评价方法与复杂网络分析方法,构建了产品级的全生命周期多环境要素的贸易环境隐含流网络,依托成本-效益分析方法,开展了战略性金属资源国际贸易的环境不公平性量化评估研究,解决了传统贸易环境隐含流分析与环境公平性评估研究中存在的异质性和系统性问题。

本书得到的主要研究结论如下:

(1)战略性金属资源产品的国际贸易带来了全球环境影响的净增加,主要来源为金属原材料产品的国际贸易。

在战略性金属资源产品贸易带来的全球环境影响中,约79%的全球环境影响增加来源于原材料产品的国际贸易,具体体现于稀土化合物、锂化合物、铜原材料产品、铝矿的国际贸易中;约19%来源于中下游高附加值产品的国际贸易,具体体现于稀土材料、铝材的国际贸易中;仅约2%来源于金属废料的国际贸易,主要来自铜废料的国际贸易。中国在稀土金属、稀土材料、锂产品、铝材、铜废料的国际贸易中承担了大部分隐含环境影响,分别占对应产品贸易环境影响增加总量的99%、100%、60%、20%、63%。

(2)对全球环境公平性有较大影响的产品为金属原材料产品和金属废料,关键节点国家为中国、印度、美国、德国,是国际贸易政策的关键产品清单制定与合作谈判中各国博弈的重点。

加工程度越高的金属资源产品,对贸易的环境公平性影响越大:原材料产品的国际贸易中，各国贸易变动、工艺技术水平改善以及清洁能源应用比例提高，会对环境不公平性带来显著改善；金属废料的国际贸易中，尽管贸易带来的总环境影响增加仅占2%，但各贸易国家的变动仍会对环境公平性带来较大影响。

度、介数中心性和特征向量中心性越大的国家，对贸易的环境不公平性影响越大：中国、印度、美国、德国是影响环境不公平性的关键节点国家，贸易带来的环境影响占总环境影响的38%。其中，中国和德国的贸易分别贡献了10%和7%的环境影响增加，印度和美国的贸易分别贡献了6%和10%的环境影响减少。

特别地，由于中国稀土生产和出口政策的收紧，稀土资源产品，尤其是稀土化合物的国际贸易，对其他国家带来资源与环境的"双重制约"。一方面在资源上制约了美国、日本等发达国家，另一方面，在环境上向缅甸等最不发达国家转移了环境影响，加剧其环境不公平性。

（3）战略性金属资源产品的国际贸易产生了全球环境不公平性，且给最不发达国家带来的环境不公平性最为显著，给发达国家带来的环境不公平性最小。

最不发达国家以仅占全球1%的GDP水平，承担了60%的贸易额外环境成本，环境不公平性最为显著；除澳大利亚外的发达国家以占全球58%的 GDP 水平，获得了39%的贸易总资源环境净效益；除中国外的发展中国家以占全球22%的 GDP 水平，承担了0.003%的贸易额外环境成本。与其他发达国家相比，澳大利亚承担了40%的额外环境成本；与其他发展中国家相比，中国获得了61%的资源环境净效益。

（4）未来国际制造业的发展格局与政策趋势将对战略性金属资源产品贸易的环境公平性带来较大的不确定性；绿色发展与气候目标政策是改善国际贸易环境不公平性的关键政策路径。

绿色发展与气候目标政策显著改善了国际贸易的全球环境不公平性，使最不发达国家的资源环境净效益增加了58亿美元；产业链转移重构政策将加剧国际贸易的环境不公平性，带来了37亿美元的额外环境成本；新兴制造业发展政策将加剧国际贸易的发展中国家与最不发达国家的环境不公平性，分别给除中国外的发展中国家和最不发达国家带来120亿美元和53亿美元的额外环境成本。

对于发达国家而言，应以更开放与包容的视角，开展促进全球环境公平性的国际贸易合作，承担与其所获经济效益相匹配的国际环境责任；由于我国未来新兴制造业发展将加剧金属资源国际贸易带来的全球环境不公平性，因此在金属原材料产品的国际贸易中，可以为其他发展中国家和最不发达国家提供技术支持。

6.2 建议

本研究在核算各国产品生产加工的全生命周期环境影响时存在区域性替代误差，以及在资源环境价值评估中存在估算的不确定性等局限性。因此，仍需从这两方面作出一定的改进：

（1）选用的各国（地区）工艺技术水平与能源消耗水平可能存在区域性误差：本研究在对各国（地区）各类别金属资源产品的生产以及废料的处理处置工艺技术设定上，提出了区域性替代，以及上游产品均为国内来源的基本假设。但在现实的情景中，如亚洲等区域范围内，各主要资源生产国所应用的工艺技术可能存在较大差异。采用区域性的平均工艺技术水平与污染排放水平，尽管对上游能源消耗的环境影响予以区分，但不同国家之间仍存在一定的差异。且基于目前全球化程度较高，实际情况中，产品生产产业链各个环节的原料来源可能各不相同，最终的资源环境净效益的分析结果可能会与实际情况有一定偏差。此外，本研究对环境影响的分析中并未考虑运输过程的环境影响，也需对其改进并进一步分析。

（2）对贸易带来的资源效益与环境成本的价值评估上可能存在估算的不确定性：本研究对战略性金属资源产品的资源环境价值评估中，主要根据产品的贸易价值定义其资源价值，大气排放的治理成本定义其环境成本。然而，大宗产品的贸易价值与全球金属市场的定价相关，对资源价值的评估相对合理，但如锂、稀土以及金属废料等未在伦敦金属交易所（LME）等国际主要金属交易平台上挂牌交易的产品，尤其如稀土资源产品等国际定价权掌握在发达国家手中，产品的贸易价值并不能较合理地体现其资源价值。对环境成本的评估中，前述环境影响分析的结果表明生态毒性与人体毒性是较为主要的两类环境影响，尤其在稀土矿采选与分离的过程中，由于放射性元素的存在带来较高的人体毒性，亦应对其进一步评估。

在未来的研究中，可从研究时间尺度、系统边界和研究对象上进一步深化：

（1）研究的时间尺度可进一步提高。应进一步分析长时间范围（如20年）内的贸易资源环境净效益变化与各国的环境公平性变化，分析环境、资源、产业等政策对贸易网络中各节点国家贸易的环境公平性的影响机制，识别实现全球与国家（地区）层面减缓贸易的环境不公平性的政策路径与最优政策组合。

（2）研究系统边界可进一步拓展。应在资源和环境两个维度的基础上，进一步从产业链的角度纳入经济维度的分析，对原生资源生产产业链、再生资源生产产业链、贸易产品进入本国市场后的产业链进行资源—环境—经济的综合效益对比分析，通过多层网络分析的方法识别不同产业链在三个维度上的价值传递机制。

（3）研究对象的数量可进一步增加。进一步将世界各主要经济体发布的战略性矿产资源清单所涉及的所有金属资源类别纳入研究范围，形成各国自下而上的战略性金属资源产品资源效益与环境成本清单，明确各国在战略性金属资源贸易环境隐含流网络中的地位并判断其可能的政策选择，为我国战略性金属资源发展的国内布局与产品级的贸易策略提供支撑。

参考文献

[1] 自然资源部中国地质调查局国际矿业研究中心，自然资源部中国地质调查局中国矿业报社. 全球矿业发展报告2019[R/OL].（2019-10-10）　[2020-06-05]. http://www.mnr.gov.cn/zt/hu/gjkydh/ 2019nzggjkydh/hydt_33148/201910/t20191011_2470470.html.

[2] 马海泉. 世界上10种主要矿产资源的分布[J]. 西部资源，2014，61（4）：66.

[3] 黄静丽. 世界稀土资源储量分布及供需现状分析[J]. 中国集体经济，2015，446（6）：109-110.

[4] Tian J，Liao H，Wang C. Spatial–temporal variations of embodied carbon emission in global trade flows：41 economies and 35 sectors[J]. Natural Hazards，2015，78（2）：1125-1144.

[5] Lee J C K，Wen Z. Pathways for greening the supply of rare earth elements in china[j]. nature sustainability，2018，1（10）：598-605.

[6] 郭晓茜，李建武. 国外研究机构关键矿产评价方法综述[J]. 中国矿业，2017，26（9）：25-32.

[7] Graedel T E，Barr R，Chandler C，et al. Methodology of metal criticality determination[j]. environ. sci. technol.，2012，46（2）：1063-1070.

[8] Nassar N T，Barr R，Browning M，et al. Criticality of the geological copper family[J]. Environ. Sci. Technol.，2012，46（2）：1071-1078.

[9] Nuss P，Harper E M，Nassar N T，et al. Criticality of iron and its principal alloying elements[J]. Environ. Sci. Technol.，2014，48（7）：4171-4177.

[10] Harper E M，Kavlak G，Burmeister L，et al. Criticality of the geological zinc，tin，and lead family[J]. Journal of Industrial Ecology，2015，19（4）：628-644.

[11] Graedel T E，Harper E M，Nassar N T，et al. Criticality of metals and metalloids[J].

战略性金属资源国际贸易的全球环境影响及公平性评估

Proc Natl Acad Sci USA，2015，112（14）：4257.

[12] 唐金荣，杨宗喜，周平，等. 国外关键矿产战略研究进展及其启示[J]. 地质通报，
2014，33（9）：1445-1453.

[13] Mitchell W. Covid-19 is a chance for the U.S. and Europe to unite on China[EB/OL].
（2020-04-03）[2020-06-30]. https://www.washingtonpost.com/opinions/2020/04/03/
covid-19-is-chance-us-europe- unite-china/.

[14] 郑东华. 立足国内大循环 推动新型全球化[N/OL]. 经济参考报，（2020-08-18）
[2020-09-10]. http://www.jjckb.cn/2020-08/18/c_139298429.htm.

[15] 《环球》杂志. 韩国"锈带"复兴计划[EB/OL]. 北京：新华网，（2018-09-07）
[2020-08-17]. http://www.xinhuanet.com/globe/2018-09/07/c_137446736.htm.

[16] Department Global Communication and Contents Division. Remarks by president
moon jae-in at manufacturing renaissance vision declaration ceremony[EB/OL].（2019-06-19）
[2020-08-20]. http://www. korea.net/Government/Briefing-Room/ Presidential-Speeches/
view？articleId=172021.

[17] European Commission. A european green deal[EB/OL].（2019-11-11）[2020-08-16].
https://ec.europa.eu/ info/strategy/priorities-2019-2024/european-green-deal_en.

[18] 董璐. 新华网评: 读懂重点支持"两新一重"的信号[EB/OL].（2020-05-28）[2020-06-30].
http://www. xinhuanet.com/2020-05/28/c_1126042394.htm.

[19] 龙静怡. 中央企业布局发力"新基建"[EB/OL].（2020-06-03） [2020-06-30].
http://www.sasac.gov.cn/n4470048/n13461446/n14761619/n14761626/c14768252/con
tent.html.

[20] 日本首相官邸. 資源確保戦略：第15回パッケージ型インフラ海外展開関係大臣
会合報告資料[R/OL]. [2020-06-18]. https://www.kantei.go.jp/jp/singi/package/dai15/
sankou01.pdf.

[21] European Commission. Critical raw materials[EB/OL].（2017-09-13） [2020-06-13].
https://ec.europa.eu/growth/sectors/raw-materials/specific-interest/critical_en.

[22] Gupta V，Biswas T，Ganesan K. Critical non-fuel mineral resources for India's
manufacturing sector: a vision for 2030[R/OL]. New Delhi：Council on Energy，
Environment and Water.（2016-07）[2020-06-18]. https://dst.gov.in/sites/default/
files/CEEW_0.pdf.

[23] Timothy R P. Final list of critical minerals 2018[EB/OL]. United States：Department of the Interior Office of the Secretary，2018：23295-23296.（2018-05-18） [2020-06-12]. https://www.federalregister.gov/d/2018-10667.

[24] Australian Government，Department of industry Industry，Innovation and Science，Australian Trade and Investment Commission. Australia's critical minerals strategy 2019[R/OL].（2019-06-10）[2020-06-18]. https://www.pbl.nl/en/publications/development-of-a-methodology-for-the-assessment-of-global-environmental-impacts-of-traded-goods-and-services.

[25] Cassio R S，David S F，Daniel A L，et al. Plano nacional de mineração 2030[R/OL]. Brasília: Ministério De Minas e Energia，2011[2020-09-06]. http://portaldamineracao.com.br/wp-content/uploads/2018/07/pnm_2030.pdf.

[26] Minister of Natural Resources. Critical minerals in Canada[R/OL]. [2020-09-07]. https://www.nrcan.gc.ca/sites/www.nrcan.gc.ca/files/Critical%20Minerals_EN_2020_accessible.pdf.

[27] Bauer D，Diamond D，Li J，et al. Critical materials strategy[R/OL]. [2020-09-04]. https://www.energy.gov/sites/prod/files/edg/news/documents/criticalmaterialsstrategy.pdf.

[28] 산업통상자원부. 제3차 광업 기본계획 （ 2020-2029 ） [R/OL]. （ 2020-01 ） [2020-09-04]. https://www.motie.go.kr/common/download.do？fid=bbs&bbs_cd_n=81&bbs_seq_n=162535&file_seq_n=3.

[29] 中华人民共和国自然资源部规划司. 全国矿产资源规划（2016—2020年）[R/OL].（2016-11-15）[2020-06-12]. http://www.mnr.gov.cn/gk/ghjh/201811/t20181101_2324927.html.

[30] 黄小卫，李红卫，于瀛，等. 中国稀土[M]//中国有色金属工业协会. 有色金属系列丛书. 北京：冶金工业出版社，2015：13-24.

[31] 中华人民共和国国务院新闻办公室. 中国的稀土状况与政策[R/OL].（2012-06-20）[2020-06-16]. http://www.scio.gov.cn/zfbps/ndhf/2012/document/1175421/1175421.htm.

[32] 陈丽杰，李子良，龚傲，等. 从稀土废料中回收稀土的研究进展[J]. 中国稀土学报，2019，37（3）：259-272.

[33] 赵家生，范顺科. 中国锂、铷、铯[M]//中国有色金属工业协会. 有色金属系列丛书. 北京：冶金工业出版社，2013：2-5.

战略性金属资源国际贸易的全球环境影响及公平性评估

[34] Sun X，Hao H，Zhao F，et al. Tracing global lithium flow：a trade-linked material flow analysis[J]. Resources，Conservation and Recycling，2017，124：50-61.

[35] Hao H，Liu Z，Zhao F，et al. Material flow analysis of lithium in China[J]. Resources Policy，2017，51：100-106.

[36] 姚金楠. 锂资源对外依存度超八成，回收体系却很不健全[EB/OL].（2019-03-18）[2020-07-03]. http://db.cnmn.com.cn/NewsShow.aspx？id=407124.

[37] 张弦，陆双平. 聚焦新时代中国铜产业发展：2019中国铜产业链发展高峰论坛召开[N/OL]. 中国有色金属报，2019-07-16 [2020-08-25]. https://paper.cnmn.com.cn/Content.aspx？id=150601&q=4281&v=1.

[38] 智研咨询. 2020年疫情对中国铜行业发展的影响：中国铜资源对外依存度高，短期错配，基本面强劲[EB/OL]. 中国产业信息网，（2020-06-16）[2020-07-03]. http://www.chyxx.com/industry/202006/874398.html.

[39] 肖亚庆. 中国铝工业技术发展[M]. 北京：冶金工业出版社，2007.

[40] 忠旺集团. 新基建带来铝消费新拐点[J]. 资源再生，2020（4）：29-30.

[41] 中研网. 2020电解铝行业现状及成本分析[EB/OL].（2020-06-22）[2020-07-04]. http://www.chinairn.com/hyzx/20200622/153705422.shtml.

[42] Wiedmann T. A first empirical comparison of energy footprints embodied in trade — MRIO versus plum[J]. Ecological Economics，2009，68（7）：1975-1990.

[43] Jayadevappa R，Chhatre S. International trade and environmental quality：a survey[J]. Ecological Economics，2000，32（2）：175-194.

[44] Sato M. Embodied carbon in trade：a survey of the empirical literature[J]. Journal of Economic Surveys，2014，28（5）：831-861.

[45] Muradian R，O'connor M，Martinez-Alier J. Embodied pollution in trade：estimating the 'environmental load displacement' of industrialised countries[J]. Ecological Economics，2002，41（1）：51-67.

[46] Liddle B. Free Trade and the environment-development System[J]. Ecological Economics，2001，39（1）：21-36.

[47] Macdermott R，Basuchoudhary A，Bang J，et al. trade，trade agreements and the environment [M/OL]//Nriagu J O. Encyclopedia of Environmental Health. Elsevier Science，2011：394-399[2020-06-18]. https://www.sciencedirect.com/science/article/

参考文献

pii/B9780444522726005663.

[48] Muradian R, Martinez-alier J. Trade and the environment: from a "Southern" perspective[J]. Ecological Economics, 2001, 36 (2): 281-297.

[49] Bajona C, Kelly D L. Trade and the environment with pre-existing subsidies: a dynamic general equilibrium analysis[J]. Journal of Environmental Economics and Management, 2012, 64 (2): 253-278.

[50] Mcausland C, Millimet D L. Do national borders matter? Intranational trade, international trade, and the environment[J]. Journal of Environmental Economics and Management, 2013, 65 (3): 411-437.

[51] Ferrara I, Missios P, Murat Yildiz H. Trading rules and the environment: does equal treatment lead to a cleaner world? [J]. Journal of Environmental Economics and Management, 2009, 58 (2): 206-225.

[52] Kellenberg D K. A Reexamination of the role of income for the trade and environment debate[J]. Ecological Economics, 2008, 68 (1): 106-115.

[53] Lee J R. Basic attributes of trade and environment: what do the numbers tell us? [J]. Ecological Economics, 1996, 19 (1): 19-33.

[54] Kellenberg D K. An empirical investigation of the pollution haven effect with strategic environment and trade policy[J]. Journal of International Economics, 2009, 78 (2): 242-255.

[55] Hornborg A. Zero-sum world: challenges in conceptualizing environmental load displacement and ecologically unequal exchange in the world-system[J]. International Journal of Comparative Sociology, 2009, 50 (3): 237-262.

[56] Brulle R J, Pellow D N. Environmental justice: human health and environmental inequalities[J]. Annual Review of Public Health, 2006, 27 (1): 103-124.

[57] Conradson D. Justice, nature and the geography of difference[J]. New Zealand Geographer, 1998, 54 (1): 57-58.

[58] Hornborg A. Towards an ecological theory of unequal exchange: articulating world system theory and ecological economics[J]. Ecological Economics, 1998, 25 (1): 127-136.

[59] Muradian R, O'Connor M, Martinez-Alier J. Embodied pollution in trade: estimating

the "Environmental Load Displacement" of industrialised countries[J]. Ecological Economics，2002，41（1）：51-67.

[60] Wackernagel M，Rees W. Our ecological footprint：reducing human impact on the earth[M]. New Society Publishers，1998.

[61] Mohai P，Pellow D，Roberts J T. Environmental justice[J]. Annu. Rev. Environ. Resour.，2009，34（1）：405-430.

[62] 张斌，陈学谦. 环境正义研究述评[J]. 伦理学研究，2008（4）：59-61，69.

[63] Payne D G，Newman R S. United church of christ commission for racial justice[M/OL]//The Palgrave Environmental Reader. New York：Palgrave Macmillan，2005：259-264. https://link.springer.com/chapter/10.1007/978-1-349-73299-9_30.

[64] Stephens C. Environmental justice：a critical issue for all environmental scientists everywhere[J]. Environmental Research Letters，2007，2（4）：45001.

[65] Agyeman J. Sustainable communities and the challenge of environmental justice[M]. New York and London：New York University Press，2005：14-38.

[66] United States Environmental Protection Agency. Environmental justice[EB/OL]. [2020-10-08]. https://www.epa.gov/environmentaljustice.

[67] Critharis M. Third world nations are down in the dumps：the exportation of hazardous waste[J]. Brook. J. Int'l L.，1990，16：311.

[68] Marbury H J. Hazardous waste exportation：the global manifestation of environmental racism[J]. Vand. J. Transnat'l L.，1995，28：251.

[69] Frey R S. The international traffic in hazardous wastes[J]. Journal of Environmental Systems，1994，23（2）：165-178.

[70] Adeola F O. Cross-national environmental injustice and human rights issues：a review of evidence in the developing world[J]. American Behavioral Scientist，2000，43（4）：686-706.

[71] Bunker S G. Modes of extraction，unequal exchange，and the progressive underdevelopment of an extreme periphery：the brazilian amazon，1600-1980[J]. American Journal of Sociology，1984，89（5）：1017-1064.

[72] Givens J E，Huang X，Jorgenson A K. Ecologically unequal exchange：a theory of global environmental injustice[J]. Sociology Compass，2019，13（5）：e12693.

[73] Rice J. Ecological unequal exchange: international trade and uneven utilization of environmental space in the world system[J]. Social Forces, 2007, 85 (3): 1369-1392.

[74] Jorgenson A K. Unequal ecological exchange and environmental degradation: a theoretical proposition and cross-national study of deforestation, 1990-2000[J]. Rural Sociology, 2006, 71 (4): 685-712.

[75] Prell C, Sun L, Feng K, et al. Inequalities in global trade: a cross-country comparison of trade network position, economic wealth, pollution and mortality[J]. PloS One, 2015, 10 (12): e0144453.

[76] Zhang W, Liu Y, Feng K, et al. Revealing environmental inequality hidden in China's inter-regional trade[J]. Environ. Sci. Technol., 2018, 52 (13): 7171-7181.

[77] 刘艳红, 郭朝先. 从贸易隐含流角度看中国节能减排特殊地位[N/OL]. 中国社会科学报, (2019-01-30) [2020-07-03]. http://news.cssn.cn/zx/bwyc/201901/t20190130_4819878.shtml.

[78] 余晓泓, 彭雨舸. 国际贸易中的隐含碳: 文献综述[J]. 技术经济, 2015, 34 (1): 109-116.

[79] 田旭, 耿涌, 马志孝, 等. 中国对外贸易中隐含流研究综述[J]. 生态经济, 2015, 31 (7): 27-32.

[80] 潘安, 魏龙. 中国对外贸易隐含碳: 结构特征与影响因素[J]. 经济评论, 2016 (4): 16-29.

[81] 江洪. 金砖国家对外贸易隐含碳的测算与比较——基于投入产出模型和结构分解的实证分析[J]. 资源科学, 2016, 38 (12): 2326-2337.

[82] Jiang L, He S, Tian X, et al. Energy use embodied in international trade of 39 countries: spatial transfer patterns and driving factors[J]. Energy, 2020, 195: 116988.

[83] Zhang Z, Xi L, Bin S, et al. Energy, CO_2 emissions, and value added flows embodied in the international trade of the brics group: a comprehensive assessment[J]. Renewable and Sustainable Energy Reviews, 2019, 116: 109432.

[84] Wang Q, Zhou Y. Uncovering embodied CO_2 flows via north-north trade-a case study of US-germany trade[J]. Science of the Total Environment, 2019, 691: 943-959.

[85] Han M, Yao Q, Liu W, et al. Tracking embodied carbon flows in the belt and road regions[J]. Journal of Geographical Sciences, 2018, 28 (9): 1263-1274.

[86] 崔连标，韩建宇，孙加森. 全球化背景下的国际贸易隐含能源研究[J]. 国际贸易问题，2014（5）：113-123.

[87] Yang R，Long R，Yue T，et al. Calculation of embodied energy in sino-usa trade：1997-2011[J]. Energy Policy，2014，72：110-119.

[88] Wiedmann T，Wilting H，Lutter F S，et al. Development of a methodology for the assessment of global environmental impacts of traded goods and services[R/OL]. Final Report. （2009-08-07）[2020-06-22]. https://www.pbl.nl/sites/default/files/downloads/SCHO1009BRAM_e_e.pdf

[89] Sato M. Product level embodied carbon flows in bilateral trade[J]. Ecological Economics，2014，105：106-117.

[90] Machado G，Schaeffer R，Worrell E. Energy and carbon embodied in the international trade of Brazil：an input-output approach[J]. Ecological Economics，2001，39（3）：409-424.

[91] Sánchez-Chóliz J，Duarte R. CO_2 emissions embodied in international trade：evidence for Spain[J]. Energy Policy，2004，32（18）：1999-2005.

[92] Román R，Cansino J M，Rueda-Cantuche J M. A multi-regional input-output analysis of ozone precursor emissions embodied in Spanish international trade[J]. Journal of Cleaner Production，2016，137：1382-1392.

[93] Peters G P，Hertwich E G. CO_2 embodied in international trade with implications for global climate policy[J]. Environ. Sci. Technol.，2008，42（5）：1401-1407.

[94] Sinden G E，Peters G P，Minx J，et al. International flows of embodied CO_2 with an application to aluminium and the EU ETS[J]. Climate Policy，2011，11（5）：1226-1245.

[95] Wiebe K S，Bruckner M，Giljum S，et al. Carbon and materials embodied in the international trade of emerging economies[J]. Journal of Industrial Ecology，2012，16（4）：636-646.

[96] Islam M，Kanemoto K，Managi S. Impact of trade openness and sector trade on embodied greenhouse gases emissions and air pollutants[J]. Journal of Industrial Ecology，2016，20（3）：494-505.

[97] Duarte R，Pinilla V，Serrano A. Factors driving embodied carbon in international trade：a multiregional input-output gravity model[J]. Economic Systems Research，

2018, 30（4）：545-566.

[98] 李惠民，冯潇雅，马文林. 中国国际贸易隐含碳文献比较研究[J]. 中国人口•资源与环境，2016，26（5）：46-54.

[99] 闫云凤. 中国对外贸易的隐含碳研究[D]. 上海：华东师范大学，2011.

[100] 谢锐，赵果梅. GMRIO 模型视角下中国对外贸易环境效应研究[J]. 数量经济技术经济研究，2016，33（5）：84-102.

[101] 高静，刘国光. 全球贸易中隐含碳排放的测算、分解及权责分配——基于单区域和多区域投入产出法的比较[J]. 上海经济研究，2016（1）：34-43，70.

[102] 邓荣荣，陈鸣. 中美贸易的隐含碳排放研究——基于 I-O SDA 模型的分析[J]. 管理评论，2014，26（9）：46-57.

[103] 杜运苏，张为付. 中国出口贸易隐含碳排放增长及其驱动因素研究[J]. 国际贸易问题，2012（3）：97-107.

[104] 倪红福，李善同，何建武. 贸易隐含 CO_2 测算及影响因素的结构分解分析[J]. 环境科学研究，2012，25（1）：103-108.

[105] Li Y，Fu J，Ma Z，et al. Sources and flows of embodied CO_2 emissions in import and export trade of China[J]. Chinese Geographical Science，2014，24（2）：220-230.

[106] 潘安. 全球价值链视角下的中美贸易隐含碳研究[J]. 统计研究，2018，35（1）：53-64.

[107] 郭际，叶卫美. 中国制造业出口贸易隐含碳的测算及驱动因素研究[J]. 科技管理研究，2015，35（7）：214-222.

[108] 韩中，孙岩. 增加值贸易视角下中欧隐含碳排放测算与分解[J]. 调研世界，2019（11）：35-40.

[109] Wu R，Geng Y，Dong H，et al. Changes of CO_2 emissions embodied in China-Japan trade：drivers and implications[J]. Journal of Cleaner Production，2016，112：4151-4158.

[110] 王静雅. 中国对外贸易隐含碳测算分析[J]. 环渤海经济瞭望，2020（2）：182-183.

[111] 魏本勇，王媛，杨会民，等. 国际贸易中的隐含碳排放研究综述[J]. 世界地理研究，2010，19（2）：138-147.

[112] 马述忠，陈颖. 进出口贸易对中国隐含碳排放量的影响：2000—2009年——基于国内消费视角的单区域投入产出模型分析[J]. 财贸经济，2010（12）：82-89，145.

[113] 闫云凤，常荣平. 全球价值链下的中美贸易利益核算：基于隐含碳的视角[J]. 国际商务（对外经济贸易大学学报），2017（3）：17-26.

[114] 柴晔. 国际贸易隐含污染研究[D]. 杭州：浙江大学，2011.

[115] 王保乾，陈盼，杜根，等. 中国出口贸易隐含碳排放结构分解研究——基于中国与贸易伙伴国行业贸易碳排放数据的比较分析[J]. 价格理论与实践，2018（1）：134-137.

[116] 尹伟华. 中国出口贸易隐含碳排放强度变动及驱动因素研究——基于 CMRIO-SDA 模型[J]. 经济问题探索，2019（12）：123-134.

[117] 王丽丽，王媛，毛国柱，等. 中国国际贸易隐含碳 SDA 分析[J]. 资源科学，2012，34（12）：2382-2389.

[118] 钱志权，杨来科. 东亚垂直分工对中国对外贸易隐含碳的影响研究——基于 MRIO-SDA 方法跨期比较[J]. 资源科学，2016，38（9）：1801-1809.

[119] 黄敏，刘剑锋. 外贸隐含碳排放变化的驱动因素研究——基于 I-O SDA 模型的分析[J]. 国际贸易问题，2011（4）：94-103.

[120] 王珊珊. 基于 SDA 隐含碳的我国对欧盟出口商品结构优化研究[D]. 沈阳：沈阳工业大学，2014.

[121] 杨会民. 中国进出口贸易隐含碳的计算与影响因素结构分析研究[D]. 天津：天津大学，2009.

[122] 王媛，魏本勇，方修琦，等. 基于 LMDI 方法的中国国际贸易隐含碳分解[J]. 中国人口·资源与环境，2011，21（2）：141-146.

[123] 庞军，张浚哲. 中欧贸易隐含碳排放及其影响因素——基于 MRIO 模型和 LMDI 方法的分析[J]. 国际经贸探索，2014，30（11）：51-65.

[124] 李晨，丛睿，邵桂兰. 基于 MRIO 模型与 LMDI 方法的中国水产品贸易隐含碳排放转移研究[J]. 资源科学，2018，40（5）：1063-1072.

[125] 杜运苏，孙辉煌. 中国出口贸易隐含碳排放增长因素分析：基于 LMDI[J]. 世界经济研究，2012（11）：44-49，88.

[126] 李艳梅，付加锋. 中国出口贸易中隐含碳排放增长的结构分解分析[J]. 中国人口·资源与环境，2010，20（8）：53-57.

[127] Xu M，Li R，Crittenden J C，et al. CO_2 emissions embodied in China's exports from 2002 to 2008：a structural decomposition analysis[J]. Energy Policy，2011，39（11）：

7381-7388.

[128] 江兆龙. 我国对外贸易环境逆差测度及成因分析[D]. 青岛：中国石油大学（华东），2016.

[129] 黄蕙萍，李鑫桐. 中国对外贸易隐含碳增加值指数研究[J]. 生态经济，2020，36（2）：13-21.

[130] 潘安. 全球价值链分工对中国对外贸易隐含碳排放的影响[J]. 国际经贸探索，2017，33（3）：14-26.

[131] 田建国，庄贵阳，陈楠. 全球价值链分工对中日制造业贸易隐含碳的影响[J]. 中国地质大学学报（社会科学版），2019，19（2）：71-84.

[132] 常冉，杨来科，钱志权. 区域价值链嵌入有利于降低我国境内增加值碳排放成本吗——基于制造业数据实证分析[J]. 国际贸易问题，2020（5）：117-131.

[133] 马晶梅，陈亚楠. 中国制造业出口贸易利得分配与环境成本研究——基于全球价值链视角[J]. 统计与信息论坛，2020，35（3）：86-93.

[134] 蒋雪梅，刘轶芳. 全球价值链视角下的中、美高新技术产业出口效益及环境效应分析[J]. 管理评论，2018，30（5）：58-63.

[135] 尹伟华. 基于全球价值链视角的中美双边贸易分解与失衡分析[J]. 中国科技论坛，2020（4）：171-179.

[136] 谢建国，姜珮珊. 中国进出口贸易隐含能源消耗的测算与分解——基于投入产出模型的分析[J]. 经济学（季刊），2014，13（4）：1365-1392.

[137] 刘芳. 中国能源隐含流的国际流向和规模分析[J]. 现代管理科学，2018（4）：54-57.

[138] 刘芳，郭朝先. 中国隐含能源国际流动规模测算与流向分析[J]. 经济研究参考，2018（25）：14-24.

[139] 段琼. 基于全球化视域下的国际贸易隐含能源的探索[J]. 现代商业，2017（3）：36-37.

[140] 韩中，王刚. 基于多区域投入产出模型中美贸易隐含能源、碳排放的测算[J]. 气候变化研究进展，2019，15（4）：416-426.

[141] 韦韬，彭水军. 基于多区域投入产出模型的国际贸易隐含能源及碳排放转移研究[J]. 资源科学，2017，39（1）：94-104.

[142] 章辉，蒋瑛. 基于方法改进后的中国对外贸易隐含能测算[J]. 中国人口·资源与环境，2016，26（10）：94-102.

战略性金属资源国际贸易的全球环境影响及公平性评估

[143] 刘会政，李雪珊. 我国对外贸易隐含能的测算及分析——基于 MRIO 模型的实证研究[J]. 国际商务（对外经济贸易大学学报），2017（2）：38-48.

[144] 郭朝先，胡雨朦. 中韩贸易经济效益和资源环境效益分析——基于出口隐含能源生产率的视角[J]. 中国市场，2018（36）：1-5.

[145] Li C，Liu B. Air pollution embodied in China's trade with the BR countries：transfer pattern and environmental implication[J]. Journal of Cleaner Production，2020，247：119126.

[146] Lin B，Xu M. Does China Become the "Pollution Heaven" in South-South trade? evidence from Sino-Russian trade[J]. Science of the Total Environment，2019，666：964-974.

[147] 倪红福，李善同，何建武. 贸易隐含污染物测算及结构绿色转型研究[J]. 中国人口·资源与环境，2012，22（5）：164-169.

[148] 牛坤玉，金书秦，钟钰. 基于多区域投入产出模型的国际贸易隐含水体氮排放转移研究[J]. 中国人口·资源与环境，2019，29（1）：160-167.

[149] 潘安. 中国双边贸易隐含污染研究——基于中日和中印贸易的对比[J]. 中南财经政法大学学报，2015（2）：126-133，160.

[150] Huang J，Ou-yang Q，Feng C. Green trade assessment for sustainable development of Chinese ferrous metal industry[J]. Journal of Cleaner Production，2020，249：119382.

[151] 李永源，张伟，蒋洪强，等. 基于 MRIO 模型的中国对外贸易隐含大气污染转移研究[J]. 中国环境科学，2019，39（2）：889-896.

[152] 马晶梅，王新影，贾红宇. 中日贸易污染条件研究——基于 MRIO 模型的分析[J]. 国际贸易问题，2016（2）：100-110.

[153] 庞军，石媛昌，胡涛，等. 我国出口贸易隐含污染排放变化的结构分解分析[J]. 中国环境科学，2013，33（12）：2274-2285.

[154] 苏昕，贺克斌，张强. 中美贸易间隐含的大气污染物排放估算[J]. 环境科学研究，2013，26（9）：1022-1028.

[155] 谢美娜. 我国出口贸易隐含能源研究[D]. 长沙：中南大学，2010.

[156] 许冬兰. 生态环境逆差与绿色贸易转型：基于隐含碳与隐含能估算[J]. 中国地质大学学报（社会科学版），2012，12（1）：19-24，138.

[157] 庞军，石媛昌，闫玉楠，等. 我国出口贸易隐含能及其影响因素的分解分析[J]. 经

济问题探索，2012（3）：103-109.

[158] 李小平. 国际贸易中隐含的 CO_2 测算——基于垂直专业化分工的环境投入产出模型分析[J]. 财贸经济，2010（5）：66-70.

[159] 朱启荣，杨琳，任飞. 中国进口贸易的节能减排效益分析[J]. 山东财经大学学报，2020，32（2）：80-90.

[160] Environmental management—life cycle assessment—principles and framework：ISO 14040：2006[S/OL]. 2nd Ed. [2020-06-23]. https://www.iso.org/ standard/37456. html.

[161] Guinée J B，Gorrée M，Heijungs R，et al. Handbook on life cycle assessment：operational guide to the ISO standards[M]. New York：Kluwer Academic Publishers，2002：386.

[162] CML - Department of Industrial Ecology. CML-IA characterisation factors[DB/OL].（2016-09-05）[2020-07-21]. https://www.universiteitleiden.nl/en/research/research-output/ science/cml-ia-characterisation-factors.

[163] Thinkstep. GaBi 9.2 software and database[DS]. Germany：Sphera，2020.

[164] 曼昆. 经济学原理：微观经济学分册[M]. 梁小民，梁砾，译. 第5版. 北京：北京大学出版社，2009：5.

[165] Ecoinvent Association. Ecoinvent database[DS/OL]. Version 3.6. [2020-07-21]. https://www.ecoinvent.org/database/database.html.

[166] 中华人民共和国自然资源部. 自然资源部工业和信息化部关于下达2018年度稀土矿钨矿开采总量控制指标的通知：自然资发[2018]4号[A/OL].（2018-07-23）[2020-07-20]. http://gi.mnr.gov.cn/201807/t20180730_2156421.html.

[167] 张丹琳. 当前稀土资源现状与供需形势分析[J]. 国土资源情报，2020（5）：37-41.

[168] 张苏江，张立伟，张彦文，等. 国内外稀土矿产资源及其分布概述[J]. 无机盐工业，2020，52（1）：9-16.

[169] 张福良，李政林. 我国独居石资源开发利用现状及政策建议[J]. 现代矿业，2015，31（11）：1-4.

[170] Lima F M，Lovon-Canchumani G A，Sampaio M，et al. Life cycle assessment of the production of rare earth oxides from a Brazilian Ore[J]. Procedia Cirp，2018，69：481-486.

[171] Haque N，Hughes A，Lim S，et al. Rare earth elements：overview of mining，

mineralogy, uses, sustainability and environmental impact[J]. Resources, 2014, 3 (4): 614-635.

[172] Lee J C, Wen Z. Rare earths from mines to metals: comparing environmental impacts from China's main production pathways[J]. Journal of Industrial Ecology, 2017, 21 (5): 1277-1290.

[173] Sprecher B, Xiao Y, Walton A, et al. Life cycle inventory of the production of rare earths and the subsequent production of NdFeB rare earth permanent magnets[J]. Environ. Sci. Technol., 2014, 48 (7): 3951-3958.

[174] Jin H, Afiuny P, Mcintyre T, et al. Comparative life cycle assessment of NdFeB magnets: virgin production versus magnet-to-magnet recycling[J]. Procedia Cirp, 2016, 48: 45-50.

[175] 赵家生, 范顺科. 中国锂、铷、铯[M]//中国有色金属工业协会. 有色金属系列丛书. 北京: 冶金工业出版社, 2013: 7-37.

[176] Jiang S, Zhang L, Li F, et al. Environmental impacts of lithium production showing the importance of primary data of upstream process in Life-Cycle Assessment[J]. Journal of Environmental Management, 2020, 262: 110253.

[177] Stamp A, Lang D J, Wäger P A. Environmental impacts of a transition toward E-mobility: the present and future role of lithium carbonate production[J]. Journal of Cleaner Production, 2012, 23 (1): 104-112.

[178] Vandepaer L, Cloutier J, Amor B. Environmental impacts of Lithium metal polymer and Lithium-ion stationary batteries[J]. Renewable and Sustainable Energy Reviews, 2017, 78: 46-60.

[179] Kallitsis E, Korre A, Kelsall G, et al. Environmental Life Cycle Assessment of the production in china of Lithium-ion batteries with Nickel-Cobalt-Manganese cathodes utilising novel electrode chemistries[J]. Journal of Cleaner Production, 2020, 254: 120067.

[180] Yin R, Hu S, Yang Y. Life cycle inventories of the commonly used materials for Lithium-ion batteries in China[J]. Journal of Cleaner Production, 2019, 227: 960-971.

[181] Mahmud M, Huda N F, Arjana S, et al. Comparative Life cycle environmental impact analysis of lithium-ion (LiIo) and nickel-metal hydride (NiMH) batteries[J].

Batteries，2019，5（1）：1-22.

[182] 赵波，周遵波，段绍甫. 中国铜业[M]//中国有色金属工业协会. 有色金属系列丛书. 北京：冶金工业出版社，2014：22-60.

[183] International Copper Study Group. The world copper factbook 2020[R/OL].
（2020-09-21）[2020-10-08]. http://www.icsg.org/index.php/component/jdownloads/finish/170/3046.

[184] 刘志宏. 中国铜冶炼节能减排现状与发展[J]. 有色金属科学与工程，2014，5（5）：1-12.

[185] Glöser S，Soulier M，Tercero Espinoza L A. Dynamic analysis of global copper flows. global stocks，postconsumer material flows，recycling indicators，and uncertainty evaluation[J]. Environ. Sci. Technol.，2013，47（12）：6564-6572.

[186] Pfaff M，Glöser-Chahoud S，Chrubasik L，et al. Resource efficiency in the german copper cycle：analysis of stock and flow dynamics resulting from different efficiency measures[J]. Resources，Conservation and Recycling，2018，139：205-218.

[187] Soulier M，Pfaff M，Goldmann D，et al. The Chinese Copper cycle：tracing copper through the economy with dynamic substance flow and input-output analysis[J]. Journal of Cleaner Production，2018，195：435-447.

[188] Wang J，Ju Y，Wang M，et al. Scenario analysis of the recycled copper supply in china considering the recycling efficiency rate and waste import regulations[J]. Resources，Conservation and Recycling，2019，146：580-589.

[189] Zhang Y，Sun M，Hong J，et al. Environmental footprint of aluminum production in China[J]. Journal of Cleaner Production，2016，133：1242-1251.

[190] Ciacci L，Fishman T，Elshkaki A，et al. Exploring future copper demand，recycling and associated greenhouse gas emissions in the EU-28[J]. Global Environmental Change，2020，63：102093.

[191] Soulier M，Glöser-Chahoud S，Goldmann D，et al. Dynamic analysis of european copper flows[J]. Resources，Conservation and Recycling，2018，129：143-152.

[192] Tanimoto A H，Gabarrell Durany X，Villalba G，et al. Material flow accounting of the copper cycle in brazil[J]. Resources，Conservation and Recycling，2010，55（1）：20-28.

[193] Van Beers D，Bertram M，Fuse K，et al. The Contemporary african copper cycle：one year stocks and flows[J]. Journal of the Southern African Institute of Mining and Metallurgy，2003，103（3）：147-162.

[194] Kapur A，Bertram M，Spatari S，et al. The contemporary copper cycle of asia[J]. Journal of Material Cycles and Waste Management，2003，5（2）：143-156.

[195] 王冲，杨坤彬，华宏全. 废杂铜回收利用工艺技术现状及展望[J]. 再生资源与循环经济，2011，4（8）：28-32.

[196] Yang Y，Guo Y，Zhu W，et al. Environmental impact assessment of China's primary aluminum based on life cycle assessment[J]. Transactions of Nonferrous Metals Society of China，2019，29（8）：1784-1792.

[197] Farjana S H，Huda N，Mahmud M P. Impacts of aluminum production：a cradle to gate investigation using life-cycle assessment[J]. Science of the Total Environment，2019，663：958-970.

[198] International Aluminium Institute. 2015 life cycle inventory data and environmental metrics for the primary aluminium industry[R/OL]. Final.（2017-06） [2020-07-24]. http://www.world-aluminium.org/publications/.

[199] International Aluminium Institute. Global aluminium cycle 2018[EB/OL].（2020-05-12） [2020-06-01]. https://alucycle.world-aluminium.org/public-access/#global.

[200] 汪小帆，李翔，陈美荣. 复杂网络理论及其应用[M]. 北京：清华大学出版社，2006.

[201] Newman M E J. The structure and function of complex networks[J]. Physics，2003，45（2）：167-256.

[202] 方锦清，汪小帆，郑志刚，等. 一门崭新的交叉科学：网络科学（上）[J]. 物理学进展，2007（3）：239-343.

[203] Watts D J，Strogatz S H. Collective dynamics of "Small-World" networks[J]. Nature，1998，393（6684）：440-442.

[204] Barabási A，Albert R. Emergence of scaling in random networks[J]. Science，1999，286（5439）：509.

[205] Barabási A，Bonabeau E. Scale-free networks[J]. Scientific American，2003，288（5）：60-69.

[206] Albert R，Barabási A. Statistical mechanics of complex networks[J]. Reviews of

Modern Physics，2002，74（1）：47-97.

[207] Barrat A，Barthelemy M，Pastor-Satorras R，et al. The architecture of complex weighted networks[J]. Proceedings of the National Academy of Sciences，2004，101（11）：3747-3752.

[208] Clemente G，Grassi R. Directed Clustering in weighted networks：a new perspective[J]. Chaos，Solitons & Fractals，2018，107：26-38.

[209] 李稳国，王力虎，陈明芳. 加权网络簇系数[J]. 计算机工程与应用，2008，623（28）：55-56，59.

[210] Garlaschelli D，Loffredo M I. Patterns of link reciprocity in directed networks[J]. Physical Review Letters，2004，93（26）：268701.

[211] 张欣. 多层复杂网络理论研究进展：概念、理论和数据[J]. 复杂系统与复杂性科学，2015，12（2）：103-107.

[212] Hébert-Dufresne L，Grochow J A，Allard A. Multi-scale structure and topological anomaly detection via a new network statistic：the onion decomposition[J]. Scientific Reports，2016，6（1）：31708.

[213] Kivelä M，Arenas A，Barthelemy M，et al. Multilayer networks[J]. Journal of Complex Networks，2014，2（3）：203-271.

[214] Sabidussi G. The centrality index of a graph[J]. Psychometrika，1966，31（4）：581-603.

[215] Freeman L C. A Set of measures of centrality based on betweenness[J]. Sociometry，1977，40（1）：35-41.

[216] Freeman L C. Centrality in social networks conceptual clarification[J]. Social Networks，1978，1（3）：215-239.

[217] Hage P，Harary F. Eccentricity and centrality in networks[J]. Social Networks，1995，17（1）：57-63.

[218] Batagelj V. Centrality in social networks[J]. Ams Subj. Class，1996，90：30-92.

[219] Brandes U. A Faster algorithm for betweenness centrality[J]. The Journal of Mathematical Sociology，2001，25（2）：163-177.

[220] Perra N，Fortunato S. Spectral centrality measures in complex networks[J]. Physical Review E，2008，78（3）：36107.

[221] Parand F，Rahimi H，Gorzin M. Combining fuzzy logic and eigenvector centrality

measure in social network analysis[J]. Physica A：Statistical Mechanics and Its Applications，2016，459：24-31.

[222] 李建，郑晓艳. 复杂网络聚类算法综述[J]. 电脑知识与技术，2015，11（5）：37-41.

[223] 陈可佳，陈利明，吴桐. 多层网络社区发现研究综述[J]. 计算机科学与探索，2020，14（11）：1801-1812.

[224] 陈立虎，林友芳，武志昊，等. 一种基于层次约简的多层网络社区发现算法[J]. 计算机与现代化，2017，262（6）：84-90.

[225] 赵卫绩，张凤斌，刘井莲. 复杂网络社区发现研究进展[J]. 计算机科学，2020，47（2）：10-20.

[226] Newman M E J. Modularity and community structure in networks[J]. Proceedings of the National Academy of Sciences of the United States of America，2006，103（23）：8577-8582.

[227] Serrano M A，Boguna M. Topology of the world trade web[J]. Phys Rev E Stat Nonlin Soft Matter Phys，2003，68（2）：15101.

[228] 刘劲松. 基于社会网络分析的世界天然气贸易格局演化[J]. 经济地理，2016，36（12）：89-95.

[229] 肖建忠，彭莹，王小林. 天然气国际贸易网络演化及区域特征研究——基于社会网络分析方法[J]. 中国石油大学学报（社会科学版），2013，29（3）：1-8.

[230] 杨鑫，安海忠，高湘昀. 国际天然气贸易关系网络结构特征研究：基于复杂网络理论[J]. 资源与产业，2012，14（2）：81-87.

[231] Geng J，Ji Q，Fan Y. A dynamic analysis on global natural gas trade network[J]. Applied Energy，2014，132：23-33.

[232] Chen Z，An H，An F，et al. Structural risk evaluation of global gas trade by a network-based dynamics simulation model[J]. Energy，2018，159：457-471.

[233] Chen Z，An H，Gao X，et al. Competition pattern of the global liquefied natural gas（LNG） trade by network analysis[J]. Journal of Natural Gas Science and Engineering，2016，33：769-776.

[234] 刘建. 基于社会网络的国际原油贸易格局演化研究[J]. 国际贸易问题，2013，372（12）：48-57.

[235] 程淑佳，赵映慧，李秀敏. 基于复杂网络理论的原油贸易空间格局差异分析[J]. 中

国人口·资源与环境，2013，23（8）：20-25.

[236] Du R，Wang Y，Dong G，et al. A complex network perspective on interrelations and evolution features of international oil trade，2002-2013[J]. Applied Energy，2017，196：142-151.

[237] Kitamura T，Managi S. Driving force and resistance：network feature in oil trade[J]. Applied Energy，2017，208：361-375.

[238] Zhong W，An H. The role of China in the international crude oil trade network[J]. Energy Procedia，2014，61：2493-2496.

[239] Du R，Dong G，Tian L，et al. A complex network perspective on features and evolution of world crude oil trade[J]. Energy Procedia，2016，104：221-226.

[240] Ji Q，Zhang H，Fan Y. Identification of global oil trade patterns：an empirical research based on complex network theory[J]. Energy Conversion and Management，2014，85：856-865.

[241] Xi X，Zhou J，Gao X，et al. Impact of changes in crude oil trade network patterns on national economy[J]. Energy Economics，2019，84：104490.

[242] Wang W，Li Z，Cheng X. Evolution of the global coal trade network：a complex network analysis[J]. Resources Policy，2019，62：496-506.

[243] Wang W，Li Z. The evolution of China's interregional coal trade network，1997-2016[J]. Physica A：Statistical Mechanics and Its Applications，2019，536：120974.

[244] 郝晓晴，安海忠，陈玉蓉，等. 基于复杂网络的国际铁矿石贸易演变规律研究[J]. 经济地理，2013，33（01）：92-97.

[245] 徐斌. 国际铁矿石贸易格局的社会网络分析[J]. 经济地理，2015，35（10）：123-129.

[246] 李萌，刘正阳，王建平. 复杂网络背景下国际铁矿石贸易规律研究[J]. 中国矿业，2018，27（4）：45-52.

[247] 邱语，刘春学，马建. "一带一路"沿线国家铁矿石贸易的空间结构及影响因素研究[J]. 中国矿业，2019，28（11）：35-40.

[248] 刘艳，黄健柏，谌金宇. 全球铜矿石资源流动的网络关联及影响因素分析[J]. 统计与决策，2017，475（7）：146-149.

[249] 张丽佳，张丽丽，郝晓晴，等. 基于复杂网络的国际铜矿石贸易演变规律研究[J].

中国矿业，2015，24（10）：57-62.

[250] 董迪，安海忠，郝晓晴，等. 基于复杂网络的国际铜矿石贸易格局[J]. 经济地理，2016，36（10）：93-101.

[251] Hu X，Wang C，Lim M K，et al. Characteristics of the global copper raw materials and scrap trade systems and the policy impacts of china's import ban[J]. Ecological Economics，2020，172：106626.

[252] Dong D，Gao X，Sun X，et al. Factors affecting the formation of copper international trade community：based on resource dependence and network theory[J]. Resources Policy，2018，57：167-185.

[253] 史超亚，高湘昀，孙晓奇，等. 复杂网络视角下的国际铝土矿贸易演化特征研究[J]. 中国矿业，2018，27（1）：57-62.

[254] 朱丽丽，杨贝贝，杨雪松. 基于复杂网络视角下中国碳酸锂国际贸易地位分析[J]. 资源与产业，2016，18（5）：14-20.

[255] 朱丽丽，金庆花，杨雪松. 基于复杂网络理论的氢氧化锂国际贸易中国地位分析[J]. 中国矿业，2016，25（10）：49-52.

[256] 朱丽丽，周平，杨雪松. 碳酸锂国际贸易复杂网络建模与分析[J]. 中国矿业，2016，25（9）：52-56.

[257] Chen G，Kong R，Wang Y. Research on the evolution of lithium trade communities based on the complex network[J]. Physica A：Statistical Mechanics and Its Applications，2020，540：123002.

[258] 苗媛媛，闫强，邢万里，等. 基于复杂网络的全球铅矿贸易格局演化特征分析[J]. 中国矿业，2019，28（11）：21-26.

[259] 乔方刚，刘雪勇. 基于复杂网络的国际镍矿石贸易演变规律研究[J]. 资源与产业，2016，18（6）：92-97.

[260] 刘森，董志良，王甜，等. 黄金中游产品国际贸易网络演化特征研究[J]. 中国矿业，2019，28（10）：55-60.

[261] 吕砚. 全球铀资源贸易及铀元素流特征研究[D]. 北京：中国地质大学（北京），2019.

[262] 邵桂兰，周乾. 中美稀土出口空间格局比较研究[J]. 稀土，2018，39（3）：149-158.

[263] 邬佩琳. 国际稀土贸易格局的社会网络分析[J]. 价格月刊，2014，444（5）：49-53.

[264] 倪娜，杨丽梅. 基于社会网络分析的稀土永磁贸易国际格局研究[J]. 稀土，2019，40（6）：144-154.

[265] Ge J，Wang X，Guan Q，et al. World rare earths trade network：patterns，relations and role characteristics[J]. Resources Policy，2016，50：119-130.

[266] Hou W，Liu H，Wang H，et al. Structure and patterns of the international rare earths trade：a complex network analysis[J]. Resources Policy，2018，55：133-142.

[267] Nobi A，Lee T H，Lee J W. Structure of trade flow networks for world commodities[J]. Physica A：Statistical Mechanics and Its Applications，2020，556：124761.

[268] Wang C，Zhao L，Lim M K，et al. Structure of the global plastic waste trade network and the impact of China's import ban[J]. Resources，Conservation and Recycling，2020，153：104591.

[269] Petridis N E，Petridis K，Stiakakis E. Global e-waste trade network analysis[J]. Resources，Conservation and Recycling，2020，158：104742.

[270] Giudici P，Huang B，Spelta A. Trade networks and economic fluctuations in asian countries[J]. Economic Systems，2019，43（2）：100695.

[271] Wang X，Li H，Yao H，et al. Network feature and influence factors of global nature graphite trade competition[J]. Resources Policy，2019，60：153-161.

[272] Vidmer A，Zeng A，Medo M，et al. Prediction in complex systems：the case of the international trade network[J]. Physica A：Statistical Mechanics and Its Applications，2015，436：188-199.

[273] Kopp T，Salecker J. How traders influence their neighbours：modelling social evolutionary processes and peer effects in agricultural trade networks[J]. Journal of Economic Dynamics and Control，2020，117：103944.

[274] Bräuning F，Koopman S J. The dynamic factor network model with an application to international trade[J]. Journal of Econometrics，2020，216（2）：494-515.

[275] 朱丽丽. 基于复杂网络的锂矿产品国际贸易格局研究[D]. 北京：中国地质大学（北京），2016.

[276] Aller C，Ductor L，Herrerias M. The world trade network and the environment[J]. Energy Economics，2015，52：55-68.

[277] Chen B，Li J，Wu X，et al. Global energy flows embodied in international trade：a

combination of environmentally extended input-output analysis and complex network analysis[J]. Applied Energy，2018，210：98-107.

[278] Shi J，Li H，Guan J，et al. Evolutionary Features of global embodied energy flow between sectors：a complex network approach[J]. Energy，2017，140：395-405.

[279] Jiang M，An H，Gao X，et al. Factors driving global carbon emissions：a complex network perspective[J]. Resources，Conservation and Recycling，2019，146：431-440.

[280] Fischer C S，Shavit Y. National differences in network density：israel and the united states[J]. Social Networks，1995，17（2）：129-145.

[281] 何建军. 复杂网络节点重要性评价研究[D]. 长沙：湖南大学，2010.

[282] 吴思竹，张智雄. 网络中心度计算方法研究综述[J]. 图书情报工作，2010，54（18）：107-110，148.

[283] Spizzirri L. Justification and application of eigenvector centrality[J]. Algebra in Geography：Eigenvectors of Network，2011.

[284] 曾贤刚. 环境影响经济评价的必要性、原则及其具体方法[J]. 中国人口·资源与环境，2004（2）：35-39.

[285] 苏广实. 自然资源价值及其评估方法研究[J]. 学术论坛，2007，195（4）：77-80.

[286] 董娜，王洪涛，范辞冬，等. 基于不确定度和敏感度分析的 LCA 数据质量评估与控制方法[J]. 环境科学学报，2012，32（6）：1529-1536.

附录 A　战略性金属资源编码产品

表 A.1　研究选取 UN Comtrade 编码产品类别表

HS 编码	产品类别名称（英文）①	产品类别名称（中文）	金属类别
282520	Lithium oxide and hydroxide	锂的氧化物和氢氧化物	锂（化合物）
283691	Carbonates; lithium carbonate	锂的碳酸盐	锂（化合物）
290433②	Derivatives of hydrocarbons; lithium perfluorooctane sulphonate, whether or not halogenated	全氟辛基磺酸锂	锂（化合物）
850650	Cells and batteries; primary, lithium	锂的原电池及原电池组	锂（产品）
850760	Electric accumulators; lithium-ion, including separators, whether or not rectangular (including square)	锂离子蓄电池	锂（产品）
2603	Copper ores and concentrates	铜矿砂及其精矿	铜（矿砂及精矿）
262030	Slag, ash and residues; (not from the manufacture of iron or steel), containing mainly copper	铜矿砂、矿灰及残渣（冶炼钢铁所产生的灰、渣除外），主要含铜	铜（矿渣、矿灰及残渣）

① 编码及对应商品类别英文名称来源：UN Comtrade Commodity Classifications。
② 编码为 290433 的商品为 H5 编码，于 2017 年修订新增，因此统计数据从 2017 年开始。

战略性金属资源国际贸易的全球环境影响及公平性评估

HS编码	产品类别名称（英文）	产品类别名称（中文）	金属类别
282550	Copper oxides and hydroxides	铜的氧化物及氢氧化物	铜（化合物）
282741	Chloride oxides and chloride hydroxides; of copper	铜的氯氧化物及氢氧基氯化物	铜（化合物）
283325	Sulphates; of copper	铜的硫酸盐	铜（化合物）
7401	Copper mattes; cement copper (precipitated copper)	铜锍；沉积铜（泥铜）	铜（锍）
7402	Copper; unrefined, copper anodes for electrolytic refining	未精炼铜；电解精炼用的铜阳极	（粗）铜
7403	Copper; refined and copper alloys, unwrought	未锻轧的精炼铜及铜合金	铜（精炼）
7404	Copper; waste and scrap	铜废碎料	铜（废料）
7405	Copper; master alloys	铜母合金	铜（合金）
7406	Copper; powders and flakes	铜粉及片状粉末	铜（材）
7407	Copper; bars, rods and profiles	铜条、杆、型材及异型材	铜（材）
7408	Copper wire	铜丝	铜（材）
7409	Copper plates, sheets and strip; of a thickness exceeding 0.15 mm	铜板、片及带，厚度超过0.15 mm	铜（材）
7410	Copper foil (whether or not printed or backed with paper, paperboard, plastics or similar backing materials) of a thickness (excluding any backing) not exceeding 0.15 mm	铜箔（不论是否印花或用纸、纸版、塑料或类似材料衬背），厚度（料背除外）不超过0.15 mm	铜（材）
7411	Copper tubes and pipes	铜管	铜（材）
7412	Copper; tube or pipe fittings (e.g. couplings, elbows, sleeves)	铜制管子附件（例如，接头、肘管、管套）	铜（材）
7413	Copper; stranded wire, cables, plaited bands and the like, not electrically insulated	非绝缘的铜丝绞股线、缆、编带及类似品	铜（材）

147

HS 编码	产品类别名称（英文）	产品类别名称（中文）	金属类别
7415	Copper, nails, tacks, drawing pins, staples (not those of heading no. 8305) and the like, of copper or iron or steel with heads of copper; screws bolts, nuts, screws hooks, rivets, cotters, washers	铜制或钢铁制带铜头的钉、平头钉、图钉、U形钉（税目83.05的货品除外）及类似品；铜制螺钉、铜栓、螺母、钩头螺钉、铆钉、销、开尾销、垫圈（包括弹簧垫圈）及类似品	铜（材）
7418	Copper; table, kitchen or other household articles and parts thereof; pot scourers; scouring, polishing pads, gloves and the like; sanitary ware and parts thereof	餐桌、厨房或其他家用铜制器具及其零件；铜制擦钢器、洗刷擦光用的块垫、手套及类似品；铜制卫生器具及其零件	铜（材）
7419	Copper; articles thereof n.e.c. in chapter 74	其他铜制品	铜（材）
250860	Clays (excluding expanded clays of heading no. 6806); mullite	富铝红柱石	铝（矿）
2606	Aluminium ores and concentrates	铝矿砂及其精矿	铝（矿砂及精矿）
262040	Slag, ash and residues; (not from the manufacture of iron or steel), containing mainly aluminium	主要含铝的矿渣、矿灰及残渣	铝（矿渣、矿灰及残渣）
2818	Aluminium oxide (including artificial corundum); aluminium hydroxide	人造刚玉，无论是否已有化学定义；氧化铝；氢氧化铝	铝（化合物）
282612	Fluorides; of aluminium	氟化铝	铝（化合物）
282732	Chlorides; of aluminium	氯化铝	铝（化合物）
283322	Sulphates; of aluminium	硫酸铝	铝（化合物）
283330	Alums	矾	铝（化合物）
7601	Aluminium; unwrought	非锻轧铝	铝（材）
7602	Aluminium; waste and scrap	铝废碎料	铝（废料）
7603	Aluminium; powders and flakes	铝粉及片状粉末	铝（材）

HS编码	产品类别名称（英文）	产品类别名称（中文）	金属类别
7604	Aluminium; bars, rods and profiles	铝条、杆、型材及异型材	铝（材）
7605	Aluminium wire	铝丝	铝（材）
7606	Aluminium; plates, sheets and strip, thickness exceeding 0.2 mm	铝板、片及带，厚度超过0.2 mm	铝（材）
7607	Aluminium foil（whether or not printed or backed with paper, paperboard, plastics or similar backing materials）of a thickness（excluding any backing）not exceeding 0.2 mm	铝箔（不论是否印花或用纸、纸版、塑料或类似物料衬背），厚度（衬背材料衬背除外）不超过0.2 mm	铝（材）
7608	Aluminium; tubes and pipes	铝管	铝（材）
7609	Aluminium; tube or pipe fittings（e.g. couplings, elbows, sleeves）	铝制管子附件（例如，接头、肘管、管套）	铝（材）
7610	Aluminium; structures（excluding prefabricated buildings of heading no. 9406）and parts（e.g. bridges and sections, towers, lattice masts, etc）plates, rods, profiles and tubes for structures	铝制结构体（税目9406的活动房屋除外）及其部件（例如、桥梁及桥梁体段、塔、格构杆、屋顶、屋顶框架、门窗及其框架、门槛、栏杆、支柱及立柱）；上述结构体用的已加工铝板、杆、型材、异型材、管子及类似品	铝（材）
7611	Aluminium; reservoirs, tanks, vats and the like for material（not compressed or liquefied gas）of capacity over 300 L, whether or not lined, heat-insulated, not fitted with mechanical, thermal equipment	盛装物料用的铝制缸、柜、罐、桶及类似容器（装压缩气体或液化气体的除外），容积超过300 L，无论是否衬里或隔热，但无机械或热力装置	铝（材）

HS编码	产品类别名称（英文）	产品类别名称（中文）	金属类别
7612	Aluminium casks, drums, cans, boxes etc (including rigid, collapsible tubular containers), for materials other than compressed, liquefied gas, 300 L capacity or less, lined, heat-insulated or not	盛装物料用的铝制桶、罐、听、盒及类似容器，包括软管容器及硬管容器（装压缩气体或液化气体的除外），容积不超过300 L，不论是否衬里或加热、但无机械或热力装置	铝（材）
7613	Aluminium; containers for compressed or liquefied gas	装压缩气体或液化气体用的铝制容器	铝（材）
7614	Aluminium; stranded wire, cables, plaited bands and the like, (not electrically insulated)	非绝缘的铝制绞股线、缆、编带及类似品	铝（材）
7615	Aluminium; table, kitchen or other household articles and parts thereof, pot scourers and scouring or polishing pads, gloves and the like, sanitary ware and parts thereof	餐桌、厨房或其他家用铝制器具及其零件；铝制擦锅器、洗刷擦光用的块垫、手套及类似品；铝制卫生器具及其零件	铝（材）
7616	Aluminium; articles n.e.c. in chapter 76	其他铝制品	铝（材）
280530	Earth-metals; rare; scandium and yttrium, whether or not intermixed or interalloyed	稀土金属、钪及钇	稀土（元素）
2846	Compounds, inorganic or organic, of rare-earth metals; of yttrium or of scandium or of mixtures of these metals	稀土金属、钇、钪及其混合物的无机或有机化合物	稀土（化合物）
850511	Magnets; permanent magnets and articles intended to become permanent magnets after magnetisation, of metal	金属永磁铁及磁化后准备制永磁铁的①物品	稀土（材）

① 编号为850511的产品类别在我国海关统计的8位编码中主要包括85051110的稀土的永磁铁及磁化后准备制永磁铁的物品和85051190的其他金属永磁铁及磁化后准备制永磁铁的物品。因此，本研究设定编号为850511的产品为稀土元素材料，纳入复杂网络分析的研究。基于永磁体是稀土元素应用的重要产品领域，本研究设定稀土元素是稀土元素应用的物品。

战略性金属资源国际贸易的全球环境影响及公平性评估

附录 B 国家（地区）名称中英文对照及联合国国家（地区）分类

表 B.1 研究所涉及的国家（地区）名称中英文对照及联合国国家（地区）分类

英文名称	中文名称	国家（地区）类别	英文名称	中文名称	国家（地区）类别
Albania	阿尔巴尼亚	发达国家（地区）	Japan	日本	发达国家（地区）
Australia	澳大利亚	发达国家（地区）	Latvia	拉脱维亚	发达国家（地区）
Austria	奥地利	发达国家（地区）	Lithuania	立陶宛	发达国家（地区）
Belarus	白俄罗斯	发达国家（地区）	Luxembourg	卢森堡	发达国家（地区）
Belgium	比利时	发达国家（地区）	Malta	马耳他	发达国家（地区）
Bermuda	百慕大	发达国家（地区）	Montenegro	黑山共和国	发达国家（地区）
Bosnia Herzegovina	波斯尼亚-黑塞哥维那	发达国家（地区）	Netherlands	荷兰	发达国家（地区）
Bulgaria	保加利亚	发达国家（地区）	New Zealand	新西兰	发达国家（地区）
Canada	加拿大	发达国家（地区）	Norway	挪威	发达国家（地区）
Croatia	克罗地亚	发达国家（地区）	Poland	波兰	发达国家（地区）

151

英文名称	中文名称	国家（地区）类别	英文名称	中文名称	国家（地区）类别
Cyprus	塞浦路斯	发达国家（地区）	Portugal	葡萄牙	发达国家（地区）
Czech Rep.	捷克	发达国家（地区）	Rep. of Moldova	摩尔多瓦	发达国家（地区）
Denmark	丹麦	发达国家（地区）	Romania	罗马尼亚	发达国家（地区）
Estonia	爱沙尼亚	发达国家（地区）	Russian Federation	俄罗斯	发达国家（地区）
Finland	芬兰	发达国家（地区）	San Marino	圣马力诺	发达国家（地区）
France	法国	发达国家（地区）	Serbia	塞尔维亚	发达国家（地区）
Germany	德国	发达国家（地区）	Slovakia	斯洛伐克	发达国家（地区）
Gibraltar	直布罗陀	发达国家（地区）	Slovenia	斯洛文尼亚	发达国家（地区）
Greece	希腊	发达国家（地区）	Spain	西班牙	发达国家（地区）
Greenland	格陵兰	发达国家（地区）	Sweden	瑞典	发达国家（地区）
Hungary	匈牙利	发达国家（地区）	Switzerland	瑞士	发达国家（地区）
Iceland	冰岛	发达国家（地区）	TFYR of Macedonia	北马其顿	发达国家（地区）
Ireland	爱尔兰	发达国家（地区）	Ukraine	乌克兰	发达国家（地区）
Israel	以色列	发达国家（地区）	United Kingdom	英国	发达国家（地区）
Italy	意大利	发达国家（地区）	USA	美国	发达国家（地区）
Algeria	阿尔及利亚	发展中国家（地区）	Kenya	肯尼亚	发展中国家（地区）
Argentina	阿根廷	发展中国家（地区）	Kuwait	科威特	发展中国家（地区）
Armenia	阿美尼亚	发展中国家（地区）	Kyrgyzstan	吉尔吉斯斯坦	发展中国家（地区）
Azerbaijan	阿塞拜疆	发展中国家（地区）	Lebanon	黎巴嫩	发展中国家（地区）
Bahamas	巴哈马群岛	发展中国家（地区）	Libya	利比亚	发展中国家（地区）

英文名称	中文名称	国家（地区）类别	英文名称	中文名称	国家（地区）类别
Bahrain	巴林	发展中国家（地区）	Malaysia	马来西亚	发展中国家（地区）
Barbados	巴巴多斯	发展中国家（地区）	Maldives	马尔代夫	发展中国家（地区）
Belize	伯利兹	发展中国家（地区）	Mauritius	毛里求斯	发展中国家（地区）
Bolivia(Plurinational State of)	玻利维亚	发展中国家（地区）	Mexico	墨西哥	发展中国家（地区）
Botswana	博茨瓦纳	发展中国家（地区）	Mongolia	蒙古国	发展中国家（地区）
Br. Indian Ocean Terr.	英属印度洋区域		Morocco	摩洛哥	发展中国家（地区）
Br. Virgin Isds	英属维京群岛		Namibia	纳米比亚	发展中国家（地区）
Brazil	巴西	发展中国家（地区）	New Caledonia	新喀里多尼亚	发展中国家（地区）
Brunei Darussalam	文莱	发展中国家（地区）	Nicaragua	尼加拉瓜	发展中国家（地区）
Cabo Verde	佛得角	发展中国家（地区）	Nigeria	尼日利亚	发展中国家（地区）
Cameroon	喀麦隆	发展中国家（地区）	Oman	阿曼	发展中国家（地区）
Chile	智利	发展中国家（地区）	Pakistan	巴基斯坦	发展中国家（地区）
China	中国	发展中国家（地区）	Palau	帕劳共和国	发展中国家（地区）
China, Hong Kong SAR	中国香港	发展中国家（地区）	Panama	巴拿马	发展中国家（地区）
China, Macao SAR	中国澳门	发展中国家（地区）	Papua New Guinea	新几内亚	发展中国家（地区）
Colombia	哥伦比亚	发展中国家（地区）	Paraguay	巴拉圭	发展中国家（地区）
Congo	刚果（布）	发展中国家（地区）	Peru	秘鲁	发展中国家（地区）
Costa Rica	哥斯达黎加	发展中国家（地区）	Philippines	菲律宾	发展中国家（地区）
Côte d'Ivoire	科特迪瓦	发展中国家（地区）	Qatar	卡塔尔	发展中国家（地区）
Cuba	古巴	发展中国家（地区）	Rep. of Korea	韩国	发展中国家（地区）

英文名称	中文名称	国家（地区）类别	英文名称	中文名称	国家（地区）类别
Dem. People's Rep. of Korea	朝鲜	发展中国家（地区）	Saudi Arabia	沙特阿拉伯	发展中国家（地区）
Dominican Rep.	多米尼加	发展中国家（地区）	Singapore	新加坡	发展中国家（地区）
Ecuador	厄瓜多尔	发展中国家（地区）	South Africa	南非	发展中国家（地区）
Egypt	埃及	发展中国家（地区）	Sri Lanka	斯里兰卡	发展中国家（地区）
El Salvador	萨尔瓦多	发展中国家（地区）	State of Palestine	巴勒斯坦	发展中国家（地区）
Equatorial Guinea	赤道几内亚	发展中国家（地区）	Suriname	苏里南	发展中国家（地区）
Fiji	斐济	发展中国家（地区）	Swaziland	斯威士兰	发展中国家（地区）
Georgia	格鲁吉亚	发展中国家（地区）	Syria	叙利亚	发展中国家（地区）
Ghana	加纳	发展中国家（地区）	Tajikistan	塔吉克斯坦	发展中国家（地区）
Guam	关岛	发展中国家（地区）	Thailand	泰国	发展中国家（地区）
Guatemala	危地马拉	发展中国家（地区）	Trinidad and Tobago	特立尼达和多巴哥	发展中国家（地区）
Guyana	圭亚那	发展中国家（地区）	Tunisia	突尼斯	发展中国家（地区）
Honduras	洪都拉斯	发展中国家（地区）	Turkey	土耳其	发展中国家（地区）
India	印度	发展中国家（地区）	Turkmenistan	土库曼斯坦	发展中国家（地区）
Indonesia	印度尼西亚	发展中国家（地区）	United Arab Emirates	阿联酋	发展中国家（地区）
Iran	伊朗	发展中国家（地区）	Uruguay	乌拉圭	发展中国家（地区）
Iraq	伊拉克	发展中国家（地区）	Uzbekistan	乌兹别克斯坦	发展中国家（地区）
Jamaica	牙买加	发展中国家（地区）	Venezuela	委内瑞拉	发展中国家（地区）
Jordan	约旦	发展中国家（地区）	Viet Nam	越南	发展中国家（地区）

英文名称	中文名称	国家（地区）类别	英文名称	中文名称	国家（地区）类别
Kazakhstan	哈萨克斯坦	发展中国家（地区）	Zimbabwe	津巴布韦	发展中国家（地区）
Afghanistan	阿富汗	最不发达国家（地区）	Malawi	马拉维	最不发达国家（地区）
Angola	安哥拉	最不发达国家（地区）	Mauritania	毛里塔尼亚	最不发达国家（地区）
Bangladesh	孟加拉国	最不发达国家（地区）	Mozambique	莫桑比克	最不发达国家（地区）
Benin	贝宁	最不发达国家（地区）	Myanmar	缅甸	最不发达国家（地区）
Burkina Faso	布基纳法索	最不发达国家（地区）	Nepal	尼泊尔	最不发达国家（地区）
Cambodia	柬埔寨	最不发达国家（地区）	Niger	尼日尔	最不发达国家（地区）
Comoros	科摩罗	最不发达国家（地区）	Rwanda	卢旺达	最不发达国家（地区）
Dem. Rep. of the Congo	刚果（金）	最不发达国家（地区）	Senegal	塞内加尔	最不发达国家（地区）
Djibouti	吉布提	最不发达国家（地区）	Sierra Leone	塞拉利昂	最不发达国家（地区）
Eritrea	厄立特里亚	最不发达国家（地区）	Solomon Isds	所罗门群岛	最不发达国家（地区）
Ethiopia	埃塞俄比亚	最不发达国家（地区）	Somalia	索马里	最不发达国家（地区）
Gambia	冈比亚	最不发达国家（地区）	Sudan	苏丹	最不发达国家（地区）
Guinea	几内亚	最不发达国家（地区）	Togo	多哥	最不发达国家（地区）
Haiti	海地	最不发达国家（地区）	Uganda	乌干达	最不发达国家（地区）
Lao People's Dem. Rep.	老挝	最不发达国家（地区）	United Rep. of Tanzania	坦桑尼亚	最不发达国家（地区）
Liberia	利比里亚	最不发达国家（地区）	Yemen	也门	最不发达国家（地区）
Madagascar	马达加斯加	最不发达国家（地区）	Zambia	赞比亚	最不发达国家（地区）

155

单位：亿美元

附录 C 各国（地区）贸易的成本-效益分析结果

表 C.1 发达国家（地区）贸易的成本效益分析结果

国家（地区）	稀土金属及合金	稀土化合物	稀土材料	锂化合物	锂产品	铜矿	粗铜	精炼铜	铜化合物	铜材	铜废料	铝矿	铝合物	铝材	铝废料	合计
阿尔巴尼亚	0.0	0.0	0.0	0.0	0.0	0.0	0.0	0.0	0.0	0.0	0.0	0.0	0.0	0.0	0.0	0.0
澳大利亚	0.0	0.0	-0.1	0.0	-2.1	21.9	0.6	-74.6	1.8	-3.5	3.4	-8.7	-9.4	-54.7	4.8	-120.5
奥地利	0.0	0.0	-0.2	0.0	-0.7	0.0	-1.7	4.1	0.0	-1.4	-2.5	-0.1	-0.9	3.1	-3.6	-4.1
白俄罗斯	0.0	0.0	0.0	0.0	0.1	0.0	0.0	-0.3	0.1	-0.7	-0.2	0.0	0.0	0.7	0.0	-0.4
比利时	0.0	0.0	0.0	0.1	1.5	-1.0	-12.6	6.6	0.0	7.9	-9.1	0.0	-0.5	5.3	0.6	-1.1
百慕大	0.0	0.0	0.0	0.0	0.0	0.0	0.0	0.0	0.0	0.0	0.0	0.0	0.0	0.0	0.0	0.0
波斯尼亚-黑塞哥维亚	0.0	0.0	0.0	0.0	0.0	0.0	0.0	0.0	0.0	-0.7	0.4	0.0	-1.7	-1.0	0.2	-2.8
保加利亚	0.0	0.0	0.0	0.0	-0.2	-13.1	6.9	6.2	0.0	3.0	-2.8	0.0	0.0	0.7	0.5	1.2
加拿大	0.0	0.0	-0.2	-0.9	-2.2	20.2	1.1	-7.3	4.5	4.8	4.0	0.3	-3.1	10.9	7.7	39.7
克罗地亚	0.0	0.0	0.0	0.0	0.0	0.0	0.0	-0.4	0.0	-0.4	0.5	-0.1	0.0	0.7	0.4	0.7
塞浦路斯	0.0	0.0	0.0	0.0	0.0	0.0	0.0	0.0	0.0	0.1	0.1	0.0	0.0	0.0	0.1	0.2

国家（地区）	稀土金属及合金	稀土化合物	稀土材料	锂化合物	锂产品	铜矿	粗铜	精炼铜	铜化合物	铜材	铜废料	铝矿	铝化合物	铝材	铝废料	合计
捷克	0.0	-0.1	-0.2	0.0	-0.2	0.0	0.0	-0.1	0.0	-6.5	2.9	-0.1	-0.1	-0.7	-0.7	-5.8
丹麦	0.0	0.0	-0.3	0.0	-0.3	0.0	0.0	0.0	0.0	-0.6	1.1	0.0	0.0	0.3	1.3	1.4
爱沙尼亚	0.0	0.2	0.0	0.0	0.0	0.0	0.0	0.0	0.0	-0.2	0.3	0.0	0.0	-0.1	0.2	0.3
芬兰	0.0	0.1	0.0	0.0	-0.1	-4.4	1.1	3.0	0.0	2.1	0.8	0.0	-0.1	0.1	0.8	3.4
法国	0.0	0.0	-0.6	-0.1	-0.4	0.0	-3.8	-9.4	-0.1	-3.5	8.2	-0.9	-3.0	0.7	1.2	-7.9
德国	0.4	-0.2	-1.7	0.0	6.9	-18.3	0.0	-21.9	0.1	42.2	-14.6	-0.6	1.7	21.1	2.4	13.5
直布罗陀	0.0	0.0	0.0	0.0	0.0	0.0	0.0	0.0	0.0	0.0	0.0	0.0	0.0	0.0	0.0	0.0
希腊	0.0	0.0	0.0	0.0	0.2	0.0	0.0	-2.3	0.0	4.8	-1.7	0.1	0.2	3.3	-0.4	4.1
格陵兰	0.0	0.0	0.0	0.0	0.0	0.0	-0.1	0.0	0.0	0.0	0.0	0.0	0.0	0.0	0.0	0.0
匈牙利	0.0	0.0	-0.3	0.0	9.0	0.0	0.0	0.0	0.0	-4.5	1.5	0.0	0.7	-6.2	0.2	0.2
冰岛	0.0	0.0	0.0	0.0	0.0	0.0	0.0	0.0	0.0	0.0	0.0	0.0	2.2	-14.7	0.1	-12.5
爱尔兰	0.0	-0.2	0.0	0.0	0.0	0.0	0.0	0.0	0.0	-0.7	0.6	0.1	1.7	-0.2	0.4	1.6
以色列	0.0	0.0	-0.1	0.0	0.7	0.0	0.0	0.0	0.0	-1.0	1.1	0.0	0.0	2.2	1.5	4.3
意大利	0.0	0.0	-0.4	0.0	0.8	0.0	0.3	-22.6	-0.1	-3.2	-3.8	-0.2	-0.7	8.9	-7.1	-27.9
日本	8.7	-0.3	1.1	-2.7	-3.2	-98.2	1.6	-29.8	0.1	9.5	-5.1	-0.5	4.8	22.5	1.6	-90.1
拉脱维亚	0.0	0.0	0.0	0.0	0.0	0.0	0.0	0.0	0.0	0.1	-0.1	0.0	0.0	-0.1	0.0	-0.1
立陶宛	0.0	0.0	0.0	0.0	0.0	0.0	0.0	0.0	0.0	-0.2	0.3	0.0	0.2	-0.2	0.2	0.2
卢森堡	0.0	0.0	0.0	0.0	0.0	0.0	0.0	0.0	0.0	0.0	-0.6	0.0	0.0	0.4	-3.0	-3.3
马耳他	0.0	0.0	0.0	0.0	0.0	0.0	0.0	0.0	0.0	0.0	0.0	0.0	0.0	0.0	0.0	0.0
黑山共和国	0.0	0.0	0.0	0.0	0.0	0.0	-0.3	0.0	0.0	0.0	0.0	-0.5	0.2	-1.0	0.0	-1.2
荷兰	-0.5	-0.1	0.2	0.1	0.3	0.0	0.0	0.1	0.0	-3.0	5.7	-0.2	-0.1	4.7	2.0	8.8

国家（地区）	稀土金属及合金	稀土化合物	稀土材料	锂化合物	锂产品	铜矿	粗铜	精炼铜	铜化合物	铜材	铜废料	铝矿	铝化合物	铝材	铝废料	合计
新西兰	0.0	0.0	0.0	0.0	-0.2	0.0	0.0	0.0	0.4	-0.3	0.3	0.0	0.6	-11.6	0.7	-10.0
挪威	0.0	0.2	0.0	0.0	0.3	0.0	0.0	0.9	-0.1	-1.0	0.4	0.0	-3.6	4.6	0.6	2.4
波兰	0.0	-0.1	-0.4	0.0	-0.3	-1.7	0.0	7.3	0.0	0.9	0.3	-0.4	-0.7	0.0	0.0	5.0
葡萄牙	0.5	0.0	-0.1	0.0	0.1	2.3	0.0	-0.7	-0.1	-3.1	1.1	0.0	-0.1	0.1	0.7	0.6
摩尔多瓦	0.0	0.0	0.0	0.0	0.0	0.0	0.0	0.0	0.0	-0.5	0.1	0.0	0.0	0.0	0.0	-0.4
罗马尼亚	0.0	0.0	-0.2	0.0	0.5	0.4	0.0	0.0	0.0	-4.4	1.6	0.1	0.0	-0.4	-1.6	-3.9
俄罗斯	0.1	-20.4	2.9	0.6	1.4	3.6	2.1	23.6	-1.7	5.9	-1.5	-0.1	16.8	-20.9	-0.5	12.1
圣马力诺	0.0	0.0	0.0	0.0	0.0	0.0	0.0	0.0	0.0	0.0	0.0	0.0	0.0	0.0	0.0	0.0
塞尔维亚	0.0	0.0	0.0	0.0	0.0	-0.4	0.0	-3.4	0.0	-0.1	0.0	0.0	0.0	1.4	0.0	-2.6
斯洛伐克	0.0	0.0	-0.3	0.0	0.3	0.0	1.6	-0.6	0.0	-1.5	-0.7	0.0	-0.7	-0.6	1.4	-1.1
斯洛文尼亚	0.1	0.0	0.1	0.0	0.1	0.0	0.0	0.0	0.0	-0.6	0.6	0.1	0.0	0.5	-1.4	-0.6
西班牙	0.3	-0.1	-0.2	-0.1	2.6	-12.4	1.7	3.6	0.0	2.3	1.3	-0.2	-0.2	6.0	-1.3	3.2
瑞典	0.0	0.0	-0.1	0.0	4.9	-4.4	-0.4	4.9	-0.2	2.4	-1.9	0.0	-0.3	0.6	1.1	6.4
瑞士	0.0	-0.1	-0.1	0.0	-0.3	0.0	0.0	-0.2	0.0	-4.8	3.4	0.1	-0.2	0.6	0.4	-1.3
北马其顿	0.0	-0.1	0.0	0.0	0.0	-0.2	0.0	0.0	0.0	0.0	0.2	0.0	0.0	-0.1	0.0	-0.1
乌克兰	0.0	0.0	0.0	0.0	1.3	0.0	0.1	0.2	0.1	0.0	-0.3	-2.0	-6.8	-0.7	0.0	-8.1
英国	0.0	-0.1	0.1	0.0	1.0	0.0	-0.4	-0.4	-0.2	-5.4	10.0	-0.1	-1.4	-4.6	5.1	4.1
美国	0.4	-1.7	-1.8	0.8	4.3	12.8	-0.4	36.6	-0.7	-7.2	27.1	0.8	-1.1	32.5	15.7	118.2
总计	10.1	-23.0	-2.8	-2.4	26.0	-92.9	-2.2	-76.9	3.7	26.7	32.4	-13.0	-5.5	13.9	32.2	-73.9

战略性金属资源国际贸易的全球环境影响及公平性评估

表 C.2 发展中国家（地区）贸易的成本效益分析结果

国家（地区）	稀土金属及合金	稀土化合物	稀土材料	锂化合物	锂产品	铜矿	粗铜	精炼铜	铜化合物	铜材	铜废料	铝矿	铝化合物	铝材	铝废料	合计
阿尔及利亚	0.0	0.0	0.5	0.0	0.2	0.0	0.0	0.0	0.0	-1.0	0.0	0.0	0.0	0.3	0.0	0.0
阿根廷	0.1	0.0	0.0	-0.1	0.5	0.0	0.0	0.0	0.1	-1.7	0.0	-0.3	1.7	0.0	0.0	0.2
阿美尼亚	0.0	0.0	0.0	0.0	0.0	-5.9	-0.5	0.0	0.1	0.0	0.1	0.0	0.0	0.4	0.0	-5.9
阿塞拜疆	0.0	0.0	0.0	0.0	0.0	0.0	0.0	0.0	0.0	-0.1	0.0	0.0	0.4	-0.7	0.0	-0.3
巴哈马群岛	0.0	0.0	0.0	0.0	0.0	0.0	0.0	0.0	0.0	0.0	0.0	0.0	0.0	-0.4	0.0	-0.4
巴林	0.0	0.0	0.0	0.0	0.0	0.0	0.0	0.0	0.0	-0.1	0.1	0.0	9.1	-6.1	0.0	3.0
巴巴多斯	0.0	0.0	0.0	0.0	0.0	0.0	0.0	0.0	0.0	0.0	0.0	0.0	0.0	0.0	0.0	0.0
伯利兹	0.0	0.0	0.0	0.0	0.0	0.0	0.0	0.0	0.0	0.0	0.0	0.0	0.0	0.0	0.0	0.0
玻利维亚	0.0	0.0	0.0	0.0	0.0	0.0	0.0	0.0	0.1	-0.1	0.0	0.0	0.0	0.2	0.1	0.3
博茨瓦纳	0.0	0.0	0.0	0.0	0.0	0.0	0.0	0.0	0.0	-0.1	0.0	0.0	0.0	0.0	0.0	0.0
英属印度洋区域	0.0	0.0	0.0	0.0	0.0	0.0	0.0	0.0	0.0	0.0	0.0	0.0	0.0	0.0	0.0	0.0
英属维京群岛	0.0	0.0	0.0	0.0	0.0	0.0	0.0	0.0	0.0	0.0	0.0	0.0	0.0	0.0	0.0	0.0
巴西	0.1	-0.1	0.0	0.0	-2.9	11.8	-0.6	6.0	-0.4	1.6	0.4	-2.3	-18.6	4.5	-2.6	-3.1
文莱	0.0	0.0	0.0	0.0	0.0	0.0	0.0	0.0	0.0	0.0	0.0	0.0	0.1	0.0	0.0	0.2
佛得角	0.0	0.0	0.0	0.0	0.0	0.0	0.0	0.0	0.0	0.0	0.0	0.0	0.0	0.0	0.0	0.0
喀麦隆	0.0	0.0	0.0	0.0	0.1	0.0	0.0	0.0	0.0	0.0	0.0	0.0	0.9	-1.1	0.0	-0.1
智利	0.0	0.0	0.0	0.9	0.8	150.8	2.1	-129.0	-0.5	1.6	1.2	0.0	0.0	0.3	0.5	28.7
中国	-11.4	30.9	-17.0	2.7	26.7	120.6	33.2	239.9	-0.3	-0.9	-101.5	4.2	-7.3	-211.4	-34.0	74.4

国家（地区）	稀土金属及合金	稀土化合物	稀土材料	锂化合物	锂产品	铜矿	粗铜	精炼铜	铜化合物	铜材	铜废料	铝矿	铝化合物	铝材	铝废料	合计
中国香港	0.0	0.0	-0.2	0.0	3.7	0.3	-0.1	-0.1	0.0	-0.8	1.6	0.0	0.1	0.2	1.4	6.3
中国澳门	0.0	0.0	0.0	0.0	0.0	0.0	0.0	0.0	0.0	0.0	0.0	0.0	0.0	1.5	0.5	0.0
哥伦比亚	0.0	0.0	0.0	0.0	0.3	0.0	0.0	0.0	0.0	-2.1	2.5	0.0	0.0	1.5	0.5	2.8
刚果（布）	0.0	0.0	0.0	0.0	0.0	0.0	0.0	-32.9	0.0	0.0	0.2	0.0	0.0	0.0	0.0	-32.6
哥斯达黎加	0.0	0.0	0.0	0.0	0.0	0.0	0.0	0.0	0.0	-0.7	0.3	0.0	0.0	0.0	0.5	0.1
科特迪瓦	0.0	0.0	0.0	0.0	0.0	0.0	0.0	0.0	0.0	-0.2	0.0	0.0	0.0	0.0	0.0	-0.1
古巴	0.0	0.0	0.0	0.0	0.0	0.0	0.0	0.0	0.1	0.0	0.2	0.0	0.0	0.0	0.1	0.4
朝鲜	0.0	0.0	0.0	0.0	0.0	0.0	0.0	0.0	0.0	0.0	0.0	0.0	0.0	0.0	0.0	0.0
多米尼加	0.0	0.0	0.0	0.0	0.0	0.7	0.0	0.0	0.0	-0.2	0.5	0.0	0.0	-0.1	0.3	1.2
厄瓜多尔	0.0	0.0	0.0	0.0	0.0	0.4	0.0	0.0	0.0	-0.3	0.5	0.0	0.0	0.2	0.0	0.8
埃及	0.0	0.0	1.5	0.0	0.0	0.0	0.0	6.1	0.1	-1.0	0.0	0.0	0.4	-1.7	0.0	5.4
萨尔瓦多	0.0	0.0	0.0	0.0	0.0	0.0	-0.2	0.0	0.0	0.0	0.0	0.0	0.0	0.1	0.2	0.3
赤道几内亚	0.0	0.0	0.0	0.0	0.0	0.0	0.0	0.0	0.0	0.0	0.0	0.0	0.0	0.0	0.0	0.0
斐济	0.0	0.0	0.0	0.0	0.0	0.0	0.0	0.0	0.0	-0.1	0.3	0.0	0.0	0.2	0.0	0.0
格鲁吉亚	0.0	0.0	0.0	0.0	0.0	-0.5	-0.2	0.0	0.0	-0.1	0.3	0.0	0.0	0.2	0.1	-0.2
加纳	0.0	0.0	0.0	0.0	0.0	0.0	0.0	0.0	0.0	-0.1	0.0	-0.2	0.0	-1.0	0.1	-1.1
关岛	0.0	0.0	0.0	0.0	0.1	0.0	0.0	0.0	0.0	0.0	0.2	0.0	0.0	0.0	0.0	0.1
危地马拉	0.0	0.0	0.0	0.0	0.0	0.0	0.0	0.0	0.0	0.0	0.2	0.0	0.0	0.2	0.6	1.0
圭亚那	0.0	0.0	0.0	0.0	0.0	0.0	0.0	0.0	0.0	0.0	0.0	-0.7	0.0	0.0	0.0	-0.6

国家（地区）	稀土金属及合金	稀土化合物	稀土材料	锂化合物	锂产品	铜矿	粗铜	精炼铜	铜化合物	铜材	铜废料	铝矿	铝化合物	铝材	铝废料	合计
洪都拉斯	0.0	0.0	0.0	0.0	0.0	0.0	0.0	0.0	0.0	0.0	0.2	0.0	0.0	-0.1	0.1	0.3
印度	2.4	0.0	2.6	-0.3	7.5	8.3	10.8	-8.7	-0.1	-14.4	-9.9	-0.9	5.6	-22.2	-27.1	-46.4
印度尼西亚	0.1	0.0	-0.1	0.0	1.8	-2.4	-0.3	-6.3	1.6	1.1	2.0	-2.5	-1.7	3.1	-2.1	-5.8
伊朗	0.0	0.0	0.0	0.0	0.1	4.9	-4.9	-4.4	0.0	0.2	0.6	0.0	0.6	-2.7	0.2	-5.2
伊拉克	0.0	0.0	0.0	0.0	0.0	0.0	0.0	0.0	0.0	0.0	0.0	0.0	0.1	1.6	0.1	1.8
牙买加	0.0	0.0	0.0	0.0	0.0	0.0	0.0	0.0	0.0	0.0	0.0	-3.4	1.6	0.0	0.1	-1.7
约旦	0.0	0.0	0.0	0.0	0.0	0.0	0.0	0.0	0.0	-0.9	0.5	0.0	0.0	0.3	0.4	0.2
哈萨克斯坦	0.0	0.0	0.0	0.0	0.3	-23.3	-0.1	-65.9	0.2	0.0	0.7	0.0	-6.2	-5.1	0.2	-99.3
肯尼亚	0.0	0.0	0.0	0.0	0.0	0.7	0.0	0.0	0.0	-0.2	0.3	0.0	0.0	0.1	0.1	1.0
科威特	0.0	0.0	0.0	0.0	0.1	0.0	0.0	0.8	0.0	-0.6	0.3	0.0	0.0	-2.6	0.3	-1.8
吉尔吉斯斯坦	0.0	0.0	0.0	0.0	0.0	0.0	0.0	0.0	0.0	0.0	1.2	0.0	0.0	0.2	0.1	1.5
黎巴嫩	0.0	0.0	0.0	0.0	0.0	0.0	0.0	0.0	0.0	-0.5	1.0	0.0	0.0	0.8	0.3	1.6
利比亚	0.0	0.0	0.0	0.0	0.0	0.0	0.0	0.0	0.0	0.0	1.0	0.0	0.0	0.0	0.4	1.4
马来西亚	55.2	1.2	-1.1	0.0	-4.6	0.1	-5.9	28.6	0.5	0.6	-4.1	-0.2	5.9	-15.2	-4.0	56.9
马尔代夫	0.0	0.0	0.0	0.0	0.0	0.0	0.0	0.0	0.0	0.0	0.0	0.0	0.0	0.2	0.0	0.2
毛里求斯	0.0	0.0	0.0	0.0	0.0	0.0	0.0	0.0	0.0	0.0	0.0	0.0	0.0	0.0	0.0	0.0
墨西哥	0.0	-0.1	-0.5	0.0	-5.0	-8.6	-0.3	-1.0	-1.8	-9.5	6.7	-0.1	-1.1	-22.5	2.1	-42.0
蒙古国	0.0	0.0	0.0	0.0	0.0	-17.7	0.0	-2.0	0.0	0.0	0.0	0.0	0.0	0.0	0.0	-19.6
摩洛哥	0.0	0.0	0.0	0.0	0.0	-1.1	0.0	0.0	0.0	-3.1	1.2	0.0	0.0	0.7	0.6	-1.8

附录 C　各国（地区）贸易的成本-效益分析结果

国家（地区）	稀土金属及合金	稀土化合物	稀土材料	锂化合物	锂产品	铜矿	粗铜	精炼铜	铜化合物	铜材	铜废料	铝矿	铝化合物	铝材	铝废料	合计
纳米比亚	0.0	0.0	0.0	0.0	0.0	-3.2	15.0	4.1	0.1	0.3	0.0	0.0	0.0	0.0	0.0	16.2
新喀里多尼亚	0.0	0.0	0.0	0.0	0.0	0.0	0.0	0.0	0.0	0.0	0.0	0.0	0.0	0.0	0.0	0.0
尼加拉瓜	0.0	0.0	0.0	0.0	0.0	0.0	0.0	0.0	0.0	-0.2	0.1	0.0	0.0	0.0	0.0	-0.1
尼日利亚	0.0	0.0	0.8	0.0	0.4	-1.7	0.0	0.0	0.2	-0.2	0.0	0.0	0.0	0.3	0.0	1.5
阿曼	0.0	0.0	0.0	0.0	0.0	0.0	0.0	1.9	0.0	-2.2	0.1	0.0	3.1	-9.6	0.2	-8.2
巴基斯坦	0.0	0.0	0.0	0.0	0.0	0.0	0.6	-4.3	0.0	-0.3	-0.8	-0.1	0.0	1.2	-1.1	-4.8
帕劳共和国	0.0	0.0	0.0	0.0	0.0	0.0	0.0	0.0	0.0	0.0	0.0	0.0	0.0	0.0	0.0	0.0
巴拿马	0.0	0.0	0.0	0.0	0.1	0.0	0.0	0.0	0.1	0.0	0.3	0.0	0.0	0.0	0.3	0.6
新几内亚	0.0	0.0	0.0	0.0	0.0	7.8	0.0	0.0	0.0	0.0	0.0	0.0	0.0	0.0	0.1	8.0
巴拉圭	0.0	0.0	0.0	0.0	0.1	0.0	0.0	0.0	0.0	-0.1	0.2	0.0	0.0	0.0	0.3	0.4
秘鲁	0.0	0.0	0.0	0.0	0.4	47.9	0.1	-12.4	-0.2	1.9	0.4	0.0	0.2	0.1	0.2	38.2
菲律宾	0.0	0.0	-0.2	0.0	-0.4	0.7	0.8	-24.3	0.2	-1.9	0.7	0.0	0.2	1.7	0.2	-22.4
卡塔尔	0.0	0.0	0.0	0.0	0.0	0.0	0.0	1.3	0.0	-2.3	0.6	0.0	7.3	13.9	0.3	21.1
韩国	0.0	-0.5	-1.3	-2.2	-11.0	-7.8	3.5	1.5	0.4	10.1	-19.4	-0.4	1.3	5.2	-12.2	-32.7
沙特阿拉伯	0.0	0.0	0.0	0.0	0.7	-0.2	0.0	8.6	0.0	-6.6	5.7	0.0	-1.6	-11.3	1.9	-2.9
新加坡	0.1	0.0	0.0	-0.1	2.6	3.9	-7.3	-5.2	0.1	-1.1	1.3	0.0	0.2	0.7	1.1	-3.8
南非	0.0	0.0	0.8	0.0	-0.9	-2.9	-5.3	-4.3	1.3	-1.5	-0.1	0.0	9.2	-11.4	1.0	-14.1
斯里兰卡	0.0	0.0	0.0	0.0	0.1	0.0	0.0	0.0	0.0	-0.4	0.0	0.0	0.0	0.3	0.0	0.0
巴勒斯坦	0.0	0.0	0.0	0.0	0.0	0.0	0.0	0.0	0.0	0.0	0.2	0.0	0.0	0.2	0.1	0.4

战略性金属资源国际贸易的全球环境影响及公平性评估

国家（地区）	稀土金属及合金	稀土化合物	稀土材料	锂化合物	锂产品	铜矿	粗铜	精炼铜	铜化合物	铜材	铜废料	铝矿	铝化合物	铝材	铝废料	合计
苏里南	0.0	0.0	0.0	0.0	0.0	0.0	0.0	0.0	0.0	0.0	0.0	0.0	0.0	0.0	0.0	0.0
斯威士兰	0.0	0.0	0.0	0.0	0.0	0.0	0.0	0.0	0.0	0.0	0.0	0.0	0.0	0.0	0.0	0.0
叙利亚	0.0	0.0	0.0	0.0	0.0	0.0	0.0	0.0	0.0	0.0	0.0	0.0	0.0	0.3	0.0	0.3
塔吉克斯坦	0.0	0.0	0.3	0.0	0.0	0.8	0.0	0.0	0.1	0.0	0.0	0.0	1.0	-2.0	0.0	-0.2
泰国	-0.5	-0.3	0.3	-0.1	0.5	0.0	1.4	54.4	-0.5	-0.1	4.5	-0.1	0.6	15.4	0.1	75.7
特立尼达和多巴哥	0.0	0.0	0.0	0.0	0.0	0.0	0.0	0.0	0.0	-0.1	0.1	0.0	0.0	0.0	0.1	0.1
突尼斯	0.0	0.0	0.0	0.0	0.0	0.0	0.0	0.0	0.0	-0.7	1.1	0.0	0.6	0.2	0.2	1.5
土耳其	0.0	0.0	-0.1	0.0	1.8	-0.5	0.0	-13.0	0.0	1.5	-0.9	-0.5	-0.6	0.4	-1.1	-13.0
土库曼斯坦	0.0	0.0	0.0	0.0	0.0	0.0	0.0	0.0	0.0	0.0	0.0	0.0	0.0	0.0	0.0	0.0
阿联酋	0.0	0.0	0.0	-0.1	1.4	1.9	0.0	33.9	0.0	16.0	2.5	0.0	18.9	-63.4	3.2	14.3
乌拉圭	0.0	0.0	0.0	0.0	0.0	0.6	0.0	0.0	-0.6	-0.1	0.1	0.0	0.0	0.0	0.1	0.1
乌兹别克斯坦	0.0	0.0	0.0	0.0	0.0	0.0	0.0	-12.8	0.0	0.7	0.0	0.0	0.0	0.8	0.0	-11.3
委内瑞拉	0.0	0.0	0.0	0.0	0.0	0.0	-0.1	0.0	0.7	0.0	0.7	0.0	-0.4	-3.6	0.2	-2.5
越南	-7.3	36.5	3.8	0.0	6.3	0.0	0.0	34.2	0.0	1.7	0.4	0.0	0.1	14.5	0.1	90.4
津巴布韦	0.0	0.0	0.0	0.0	0.0	0.0	0.0	0.0	0.0	0.0	0.0	0.0	0.0	0.0	0.0	0.0
总计	39.0	67.7	-10.3	0.7	31.8	286.3	41.8	94.4	1.8	-19.3	-93.8	-7.5	31.5	-324.2	-65.5	74.4

163

表 C.3 最不发达国家（地区）贸易的成本效益分析结果

国家（地区）	稀土金属及合金	稀土化合物	稀土材料	锂化合物	锂产品	铜矿	粗铜	精炼铜	铜化合物	铜材	铜废料	铝矿	铝化合物	铝材	铝废料	合计
阿富汗	0.0	0.0	0.0	0.0	0.0	0.0	0.0	0.0	0.0	0.0	0.0	0.0	0.0	0.0	0.0	0.0
安哥拉	0.0	0.0	0.0	0.0	0.5	0.0	0.0	0.0	0.0	0.0	0.0	0.0	0.0	-0.1	0.0	0.4
孟加拉国	0.0	0.0	0.0	0.0	0.3	0.0	0.0	0.0	0.0	-0.6	0.5	0.0	0.0	2.4	0.1	2.7
贝宁	0.0	0.0	0.0	0.0	0.0	0.0	0.0	0.0	0.0	0.0	0.0	0.0	0.0	0.0	0.0	0.1
布基纳法索	0.0	0.0	0.0	0.0	0.0	0.0	0.0	0.0	0.0	0.0	0.0	0.0	0.0	0.0	0.0	0.0
柬埔寨	0.0	0.0	0.0	0.0	0.1	0.0	0.0	0.0	0.1	0.0	0.0	0.0	0.0	-0.1	0.2	0.2
科摩罗	0.0	0.0	0.0	0.0	0.0	0.0	0.0	0.0	0.0	0.0	0.0	0.0	0.0	0.0	0.0	0.0
刚果（金）	0.0	0.0	0.0	0.0	0.1	12.2	-1.5	-49.1	0.0	0.0	0.4	0.0	0.0	0.0	0.0	-37.9
吉布提	0.0	0.0	0.0	0.0	0.0	0.0	0.0	0.0	0.0	0.0	0.0	0.0	0.0	0.0	0.0	0.0
厄立特里亚	0.0	0.0	0.0	0.0	0.0	1.0	0.0	0.0	0.0	0.0	0.0	0.0	0.0	0.0	0.0	1.1
埃塞俄比亚	0.0	0.0	0.0	0.0	0.0	0.0	0.0	0.0	0.0	-0.1	0.0	0.0	0.0	0.0	0.0	-0.1
冈比亚	0.0	0.0	0.0	0.0	0.0	0.0	0.0	0.0	0.0	0.0	0.0	0.0	0.0	0.0	0.0	0.0
几内亚	0.0	0.0	0.0	0.0	0.0	0.0	0.0	0.0	0.0	0.0	0.0	-33.8	-0.6	0.0	0.1	-34.3
海地	0.0	0.0	0.0	0.0	0.0	0.0	0.0	0.0	0.0	0.0	0.0	0.0	0.0	0.0	0.0	0.0
老挝	0.0	0.0	0.0	0.0	0.0	-5.6	0.0	-16.5	0.0	0.0	0.0	0.0	0.0	0.0	0.0	-22.1
利比里亚	0.0	0.0	0.0	0.0	0.0	0.0	0.0	0.0	0.0	0.0	0.0	0.0	0.0	0.0	0.0	0.0
马达加斯加	0.0	0.0	0.0	0.0	0.0	0.0	0.0	0.0	0.0	0.0	0.0	0.0	0.0	0.0	0.0	0.0
马拉维	0.0	0.0	0.0	0.0	0.0	0.0	0.0	0.0	0.0	0.0	0.0	0.0	0.0	0.0	0.0	0.0

国家（地区）	稀土金属及合金	稀土化合物	稀土材料	锂化合物	锂产品	铜矿	粗铜	精炼铜	铜化合物	铜材	铜废料	铝矿	铝化合物	铝材	铝废料	合计
毛里塔尼亚	0.0	0.0	0.0	0.0	0.0	2.1	0.0	0.0	0.0	0.0	0.0	0.0	0.0	0.2	0.0	2.4
莫桑比克	0.0	0.0	0.0	0.0	0.0	1.5	0.0	0.0	0.0	0.0	0.1	0.0	2.1	-35.8	0.0	-32.1
缅甸	0.0	1.9	2.4	0.0	-0.1	0.0	0.0	-19.7	0.0	0.0	0.0	0.0	0.0	0.7	0.1	-14.6
尼泊尔	0.0	0.0	0.0	0.0	0.0	0.0	0.0	0.0	0.0	-0.1	0.0	0.1	0.0	0.2	0.0	0.2
尼日尔	0.0	0.0	0.0	0.0	0.0	0.0	0.0	0.0	0.0	0.0	0.0	0.0	0.0	0.0	0.0	0.0
卢旺达	0.0	0.0	0.0	0.0	0.0	0.0	0.0	0.0	0.0	0.0	0.0	0.0	0.0	0.0	0.0	0.0
塞内加尔	0.0	0.0	0.0	0.0	0.0	0.0	0.0	0.0	0.0	-0.1	0.0	0.0	0.0	0.0	0.0	-0.1
塞拉利昂	0.0	0.0	0.0	0.0	0.0	0.0	0.0	0.0	0.0	0.0	0.0	-1.5	0.0	0.0	0.0	-1.5
所罗门群岛	0.0	0.0	0.0	0.0	0.0	0.0	0.0	0.0	0.0	0.0	0.0	0.2	0.0	0.0	0.0	0.2
索马里	0.0	0.0	0.0	0.0	0.0	0.0	0.0	0.0	0.0	0.0	0.0	0.0	0.0	0.0	0.0	0.0
苏丹	0.0	0.0	0.0	0.0	0.0	0.0	0.0	0.0	0.0	0.0	0.2	0.0	0.0	0.0	0.1	0.2
多哥	0.0	0.0	0.0	0.0	0.2	0.0	0.0	0.0	0.0	0.0	0.4	0.0	0.0	0.0	0.2	0.6
乌干达	0.0	0.0	0.0	0.0	0.0	0.0	0.0	0.0	0.0	0.0	0.0	0.0	0.0	0.0	-0.1	-0.1
坦桑尼亚	0.0	0.0	0.0	0.0	0.0	0.0	0.0	0.0	0.0	-0.1	0.1	0.0	0.0	0.1	0.0	0.4
也门	0.0	0.0	0.0	0.0	0.0	0.0	0.0	0.0	0.0	0.0	0.3	0.0	0.0	0.8	0.2	1.3
赞比亚	0.0	0.0	0.0	0.0	0.0	0.2	-12.6	-33.4	-1.9	1.3	0.0	0.0	0.0	0.0	0.0	-46.4
总计	0.0	1.9	2.4	0.0	1.1	11.5	-14.2	-118.6	-1.7	0.3	2.0	-35.0	1.5	-31.5	1.0	-179.4

附录 C　各国（地区）贸易的成本-效益分析结果

附录 D　各类别国家（地区）贸易的情景分析结果

表 D.1　各类别国家（地区）贸易的资源环境净效益情景分析

国家（地区）	政策	稀土 金属	稀土化 合物	稀土 材料	总计	锂化 合物	锂产品	总计	铝矿	铝化 合物	铝材	铝废料	总计	铜矿	粗铜	精炼铜	铜化 合物	铜材	铜废料	总计	合计
澳大利亚	BAU	0	0	-0.1	-0.1	0	-2.1	-2.2	-8.7	-9.4	-54.7	4.8	-67.9	21.9	0.6	-74.6	1.8	-3.5	3.4	-50.4	-120.5
	ENV	0	0	-0.1	-0.1	0	-2.9	-2.9	7.9	8.6	12.9	4.4	33.8	37.7	-0.1	9.4	0.2	-4.4	3	45.8	76.6
	IND	0	0	-0.1	-0.1	0	-1.7	-1.7	-7	-7.5	-43.8	3.9	-54.4	17.5	0.5	-59.7	1.4	-3.3	2.7	-40.8	-96.9
	EMG	0	0	-0.1	-0.1	0	-2.1	-2.2	-16.4	-9.4	-59.2	4.8	-80.2	26.5	0.6	-100.7	1.7	-3.5	3.4	-71.9	-154.3
中国	BAU	-11.4	30.9	-17	2.5	2.7	26.7	29.5	4.2	-7.3	-211.4	-34	-248.6	120.6	33.2	239.9	-0.3	-0.9	-101.5	291	74.4
	ENV	-8.7	24.8	-9.6	6.5	3	47.3	50.3	-19.9	-1.4	-49.8	-27.8	-99	-38.2	1.4	81.3	-0.3	-2	-96.7	-54.5	-96.7
	IND	-0.7	24.7	-8	16	2.2	9.6	11.8	3.4	-5.9	-111	-27.2	-140.7	96.5	26.6	191.9	-0.3	-3	-81.2	230.6	117.6
	EMG	-13.4	99.5	-16.9	69.2	4.7	26.7	31.4	7.7	-6.4	-206.6	-34	-239.3	229.3	63.2	472.8	0.4	-17.4	-101.5	646.8	508.2
发达国家（地区）*	BAU	10.1	-23	-2.8	-15.7	-2.4	28.1	25.7	-4.3	3.9	68.6	27.3	95.5	-114.8	-2.8	-2.3	1.9	30.2	29	-58.9	46.6
	ENV	3.3	-11.9	-5.4	-14	-1.5	-36.4	-38	-15.1	-44.2	-107.2	24.6	-141.9	-120.9	-13.3	10	-0.4	38.5	25.6	-60.5	-254.4
	IND	8	-18.4	-2.2	-12.6	-1.9	22.5	20.6	-3.5	3.1	54.9	21.9	76.4	-91.9	-2.3	-1.8	1.5	30.8	23.2	-40.5	43.9
	EMG	12.7	-24.8	-2.7	-14.8	-4.8	28.1	23.3	-4.6	5.4	84.5	27.3	112.7	-90.7	-2.3	4.2	1.8	36.2	29	-21.9	99.2
发展中国家（地区）*	BAU	50.4	36.8	6.6	93.9	-2	5	3	-11.7	38.9	-112.8	-31.4	-117	165.7	8.6	-145.5	2.1	-18.3	7.7	20.2	0
	ENV	40.3	29.5	4	73.8	-2.1	8.6	6.6	-6.3	25	-98.8	-31	-111.2	220	11	-72.4	2.1	-21.6	7.2	146.3	115.4
	IND	31.2	29.5	7.9	68.5	-1.6	-9.9	-11.5	-9.4	31.1	-103.8	-25.1	-107.2	132.5	6.8	-116.4	1.7	-17.9	6.1	12.9	-37.3
	EMG	47.8	36.9	6.2	90.9	-3.2	5	1.8	-15.2	39.2	-119.1	-31.4	-126.6	227.7	5.1	-317.6	1.9	-10.8	7.7	-85.9	-119.8
最不发达国家（地区）	BAU	0	1.9	2.4	4.2	0	1.1	1.1	-35	1.5	-31.5	1	-64	11.5	-14.2	-118.6	-1.7	0.3	2	-120.6	-179.4
	ENV	0	1.7	2.1	3.8	0	0.7	0.7	-22.2	1.3	-25.6	1	-45.5	11.4	-5.9	-86.6	-1.4	0.2	2	-80.3	-121.4
	IND	0	1.5	1.9	3.4	0	0.8	0.8	-28	1.2	-25.2	0.8	-51.2	9.2	-11.3	-94.9	-1.3	0.3	1.6	-96.4	-143.4
	EMG	0	1.9	2.4	4.2	0	1.1	1.1	-56	1.5	-31.5	1	-84.9	10.4	-18.2	-145.4	-1.8	0.3	2	-152.7	-232.4

战略性金属资源国际贸易的全球环境影响及公平性评估

图 D.1　不同政策情景下发达国家（地区）贸易的环境不公平性指数

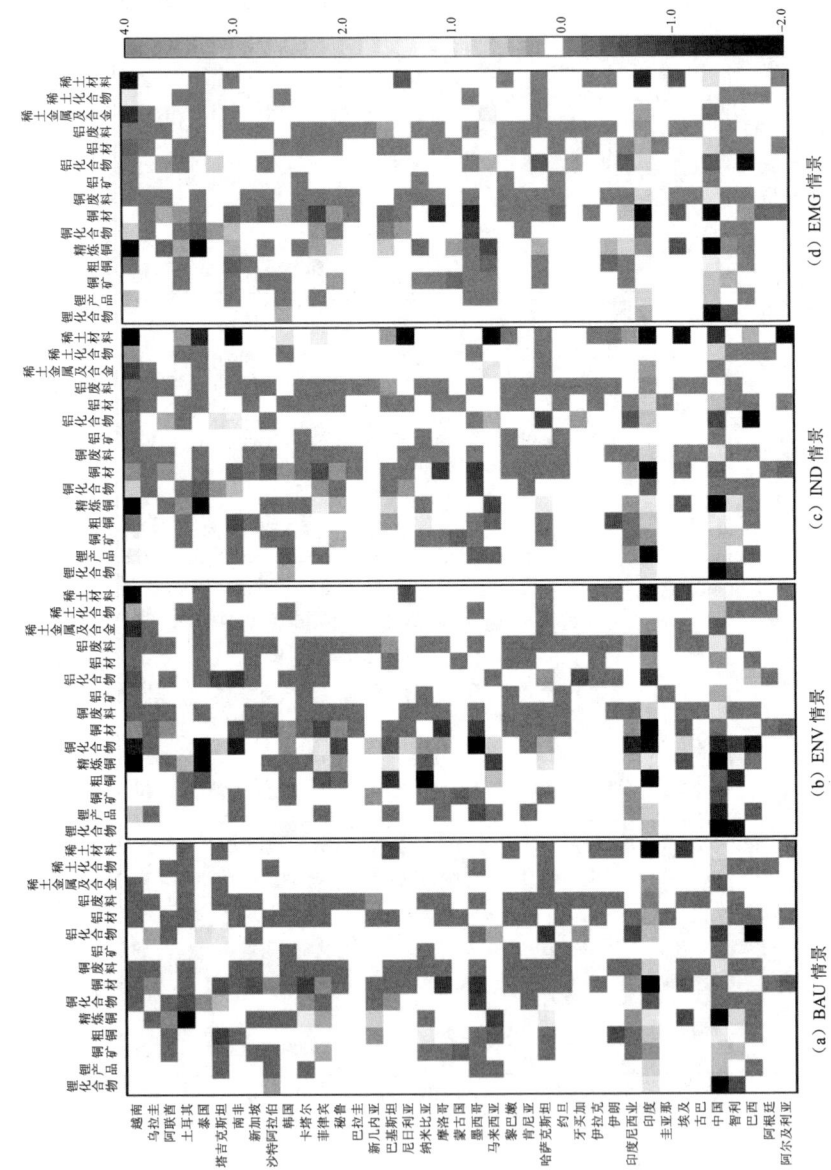

图 D.2　不同政策情景下部分发展中国家（地区）贸易的环境不公平性指数

(a) BAU 情景　(b) ENV 情景　(c) IND 情景　(d) EMG 情景

战略性金属资源国际贸易的全球环境影响及公平性评估

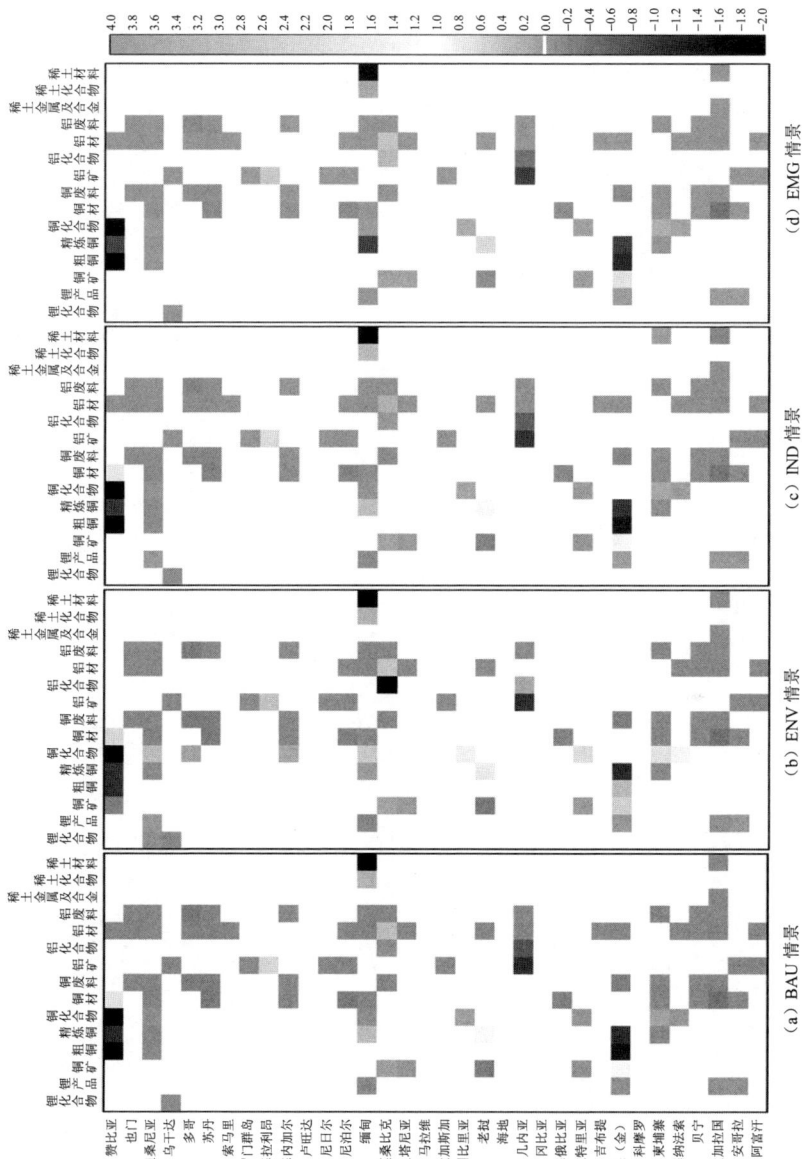

图 D.3 不同政策情景下最不发达国家（地区）贸易的环境不公平性指数